*A tutti coloro che sono morti per mano della mafia,
a chi crede di vivere, ma ha perso la libertà di pensiero.
A chi preferisce subire pensando che sia il male minore,
a tutti coloro che desiderano voltare pagina.
A chi ha voglia di riflettere sulla propria storia
per capire meglio che non si può più stare a guardare.*

*Quelli che non riescono a ricordare il passato
sono condannati a ripeterlo.*
GEORGE SANTAYANA:

*Dio ci ha donato la memoria,
così possiamo avere le rose anche a dicembre*
JAMES MATTHEW BARRIE

Associazione culturale "L'Arcobaleno"
Edizioni Concordia
edizioniconcordia@email.it

Prima edizione – Dicembre 2006

Autori:
Alfonso BUGEA. Giornalista professionista, redattore del Giornale di Sicilia. Ha pubblicato i libri "Cosa Muta" sulla mafia di Agrigento e "Cosa Nuova" sulla conversione di un mafioso di Palma di Montechiaro che in carcere ha incontrato la libertà. Ha scritto anche "Abid", il tunisino medaglia d'oro al valor civile e "Marinella", un racconto ambientato a Vigata. Ha vinto, insieme con Deaglio, Floris, Verdelli, Molinari e Daverio l'edizione 2004 del PREMIOLINO, consegnato a Milano – Terrazza Martini da una commissione composta, tra gli altri, da Enrico Mentana e Gian Antonio Stella.

Elio DI BELLA. Docente di Storia e Filosofia al Liceo Scientifico "Ettore Majorana" di Agrigento. Si è laureato in Filosofia all'Università di Catania con una tesi sul romanzo storico di Luigi Pirandello "I vecchi e i giovani", che ha ottenuto nel 1986 il Premio Mursia, la prestigiosa casa editrice. Lo studio della storia locale, in particolare di Agrigento e della sua provincia, è indubbiamente la sua passione. Tra le sue maggiori pubblicazioni vanno ricordate in particolare: "Risorgimento e Antirisorgimento a Girgenti", "Storia del Teatro "Pirandello", "La festa di San Calogero nell'Ottocento", "Una via, una storia. Stradario storico di Agrigento.

Prefazioni:
Annamaria PALMA. Procuratore aggiunto della Direzione distrettuale antimafia di Palermo, con delega al coordinamento dell'attività di contrasto alla criminalità organizzata della provincia di Agrigento. Ha coordinato il blitz "Cupola" a Santa Margherita Belice con l'arresto di numerosi capimandamento delle cosche agrigentine. Ha portato a termine la cattura dei pericolosi latitanti Luigi Putrone e Joseph Focoso. Come pubblico ministero a Caltanissetta ha sostenuto la pubblica accusa nei processi di primo grado per la barbara uccisione del giudice Paolo Borsellino, ed in quello per l'assassinio del procuratore Rocco Chinnici.

Luigi PATRONAGGIO. Presidente della prima sezione della corte d'Assise del Tribunale di Agrigento, capo dell'ufficio dei Gip, giudici per le indagini preliminari. Per anni sostituto procuratore presso la Procura di Palermo. Ha coordinato delicate indagini su mafia e appalti. Ha diretto l'inchiesta sulla morte di don Pino Puglisi. È stato presidente della Corte d'Assise che ha giudicato i 50 imputati del processo "Akragas", conclusosi con venti ergastoli (confermati dalla Cassazione) e pene severe per gli altri affiliati alle cosche agrigentine.

COPERTINA.
Realizzazione grafica Agenzia Blow Up Arona-Novara

Alfonso BUGEA - Elio DI BELLA

SENZA
STORIA

Vite innocenti rubate dalla mafia,
uccise dal piombo e dal silenzio

Edizioni Concordia

LA STORIA APRE LE PORTE DEL FUTURO, RAFFORZA LA LOTTA CONTRO LA MAFIA

Un lessico di morti di mafia a volte dimenticati e che doveva essere scritto. Con un naturale richiamo a morti conosciute, ma sempre sottodimensionate rispetto ad altre.
Un libro che merita di essere letto, che dovrebbe andare nelle scuole, negli uffici.
Una raccolta così drammatica di vite spezzate è un invito a fermarsi e a pensare, è per chi non lo ha ancora fatto, una opportunità di prendere coscienza degli accadimenti attraverso i fatti, le circostanze che gli autori, con ritmo incalzante, con prosa asciutta ed efficace, raccontano.
Bugea e Di Bella scrivono questo libro col cuore, con espressioni che lasciano trasparire il coinvolgimento di due uomini che credono nello Stato e sperano in un futuro migliore, che non si arrendono ai silenzi, che incitano a bene operare tutti insieme, per potere dire la parola fine a questa mattanza ingiusta di uomini.
Nel libro traspaiono la chiarezza espositiva e la lucidità del giornalista con acribia ed aderenza alla storia e ai documenti, frutto di studio approfondito degli eventi con richiami a particolari inediti e rilevanti che si avvale a volte anche di materiale probatorio acquisito da processi celebrati.
Si delinea non solo una sequenza di avvenimenti giudiziari ma si descrive con efficaci pennellate, il panorama sociologico della Sicilia.
L'impressione è di uno scenario di guerra in cui il nemico è Cosa nostra, che appare feroce oltre ogni limite, a tratti apparentemente imbattibile, spietata.
Uomini uccisi perché con la loro azione quotidiana intralciavano gli interessi della mafia, altri uccisi per caso, altri ancora soltanto per "dare un segnale" per affermare i disegni dell'organizzazione. Uomini come noi "colpevoli" di avere creduto nello Stato, "rei" di non essersi piegati, "responsabili" di avere voluto un futuro di regole e di principi solo dello Stato. Morti innocenti frutto di crudeltà e di spietatezza.
Alla fine della lettura si rimane attoniti: è possibile che ci siano stati così tanti fatti di sangue?
È possibile che la ferocia di un'organizzazione criminale come la mafia non si sia mai fermata?
Ci sono storie che colpiscono: il voluto sottodimensionamento di eventi, ricondotti a beghe familiari e sentimentali, sottendono la difficoltà all'epoca degli investigatori di dare un nome e cognome a un delitto, definendolo chiaramente di mafia.

E ancora la fine del sindacalista Paolo Bongiorno, sminuito nel suo ruolo di sostenitore delle ragioni dei lavoratori, costretto ad andare via dal suo paese natale. Una vita già spezzata da vivo e poi definitivamente cancellata, quasi un monito per gli altri a non seguire la strada della legalità in favore dei più deboli.

Morti casuali, come quella del giovane Damanti, raggiunto da una pallottola vagante solo per essersi trovato nel momento e nel luogo dell'agguato del commissario Tandoj.

Morti "illustri" più delle altre, ammesso che sia possibile stilare una gerarchia di uomini di cui tutto lo Stato, non soltanto i familiari, sono rimasti privi perché ogni vita deve essere tutelata, ma ci sono Uomini che la percorrono senza fini egoistici, avendo soltanto come riferimento il bene comune.

Sperare in una Sicilia migliore non è un'utopia, è essenza dell'uomo, è spinta emozionale che può essere vincente, è invito che non solo gli autori ma tutti dovrebbero fare proprio perché, come ben dice Bugea, insieme ce la possiamo fare.

La magistratura e le Forze di Polizia non hanno mai gettato la spugna, nemmeno quando, dopo le stragi del '92 sembrava che lo Stato fosse definitivamente in ginocchio. La cattura dei più feroci criminali mafiosi, i quattrocento e più ergastoli inflitti, ne sono testimonianza tangibile.

I giovani che crescono, che pongono domande che denotano la finalmente consapevolezza dei fatti, che dimostrano – almeno loro – la volontà di non ripercorrere gli errori del passato e di non convivere con la mafia, lasciano il posto alla speranza, ci invitano a non cedere, a proseguire, anche, come fanno gli autori, denunciando i fatti, non smettendo di farlo, con costanza, con determinazione, perché chi è stato responsabile di tanto dolore e che continua a essere intraneo all'organizzazione, cominci ad avere qualche cedimento. Non possiamo più tollerare tante vittime, non possiamo più consentire che fatti così gravi si ripetano. Se sapremo continuare nel percorso che è già delineato, sarà sempre più difficile rimpiazzare uomini e mezzi e Cosa nostra finirà per naturale consunzione.

Gli autori credono in questo cammino, lo dimostrano; la speranza è che anche i siciliani onesti si convincano e facciano ciascuno la propria parte.

Annamaria Palma

Dove vien meno l'interesse, vien meno anche la memoria
WOLFGANG GOETHE

LA VIOLENZA MAFIOSA RACCONTATA
DA CHI L'HA SUBITA SENZA ALCUNA COLPA

Leggendo questo nuovo sforzo editoriale di Alfonso Bugea ed Elio Di Bella mi sono venuti alla mente due grandi autori contemporanei: Jacques Le Goff e Leonardo Sciascia.

Invero, il primo ci ha insegnato come la storia vada letta dal basso, attraverso il puzzo dei vicoli delle cittadine medioevali, attraverso le malattie della gente, attraverso l'analisi di quel che la gente mangiava, di come la gente viveva e amava più di mille anni addietro. Lo scrittore francese ci ha insegnato che si comprende un'epoca più dalla vita quotidiana della povera gente, che non dalle storie di papi e imperatori. Ora, se è vero che l'uccisione di Giovanni Falcone e di Paolo Borsellino ha rappresentato, per l'alto profilo morale e professionale dei due insigni magistrati, un punto di svolta nella lotta alla mafia ed è stato il momento iniziale di una nuova resistenza civile, è pur vero che al dolore delle vittime anonime e innocenti non sempre sono stati dati la giusta importanza e il giusto spazio nell'informazione collettiva.

Lo scrittore di Racalmuto, invece, mi è venuto alla mente perché non potrebbe non essere stato affascinato dalle "piccole storie", dalle "cronachette", dalle storie delle nostre genti schiacciate dalla prepotenza della storia, da eventi economici e sociali cui è impossibile opporsi.

Ritengo, in particolare, che Sciascia sarebbe stato colpito dalla storia di Masina Perricone che di violenze ne ha subìte più di una: dalla violenza della mafia, a quella dell'ottusa burocrazia a quella, infine, propria della sua condizione di donna, che non ha diritto neppure all'onore del suo cognome paterno.

La storia è subito raccontata: il 3 marzo 1946 nel fallito attentato al candidato sindaco di Burgio, Antonio Guarisco, resta uccisa, da un proiettile vagante, una donna del popolo, Masina Perricone, di cui nel tempo si perde la memoria. Nel 1999, allorquando si tenta di stilare un elenco ufficiale delle vittime della mafia, il nome di Masina Perricone non è presente. È presente invece il nome di tale Marina Spinelli rimasta uccisa, nello stesso tragico 1946, nell'attentato al sindaco di Favara, Gaetano Guarino. Ma in realtà, da un attento studio, si appura che Marina Spinelli non è mai esistita. In realtà il disattento funzionario regionale aveva incluso nell'elenco delle vittime di mafia, Masina Perricone, collocando la sua morte non nell'ambito dell'attentato al candidato sindaco Guarisco, ma nell'ambito dell'attentato al sindaco di Favara, Gaetano Guarino, e attribuendo alla donna il cognome apportatole dal marito, Spinelli, e trasformando il nome da Masina a

Marina. A violenze grandi si sono sommate violenze piccole che questo libro forse in parte tardivamente ristora.

Ma il libro che oggi si introduce ha un altro pregio: quello di rappresentare un volo, radente e volutamente di basso profilo, nella storia della Sicilia attraverso piccole storie di violenza quotidiana. Così la vicenda di Lorenzo Panepinto rende onore al socialismo del primo Novecento, ci porta all'interno della voglia, anche un po' idealistica e utopica, di una società più giusta, ci porta all'illusione cooperativistica e a quella delle affittanze collettive.

Le storie di Giuseppe Scalia, Giuseppe Puntarello, Savarino Giovanni, Filippo Forno, Accursio Miraglia, Giuseppe Spagnolo ci riportano alle lotte contadine del dopoguerra, allo scontro fra agrari e contadini, al ruolo, ancora una volta centrale, della mafia come strumento d'ordine pubblico per garantire le rendite e gli affari delle classi sociali egemoni.

Ma la storia della mafia è anche la storia delle vittime dei servitori dello Stato. Di uno Stato che non ha mai saputo coniugare legalità e giustizia sociale e che, troppo spesso, si è schierato dalla parte dei più forti. Di uno Stato, ma sarebbe più corretto dire di una politica, che ha gettato sul campo di battaglia le vite di onesti poliziotti, carabinieri e rappresentanti in genere delle forze dell'ordine, mentre, sottobanco, tesseva inammissibili accordi con Cosa nostra.

I nomi di questi servitori dello Stato sono tanti, tutti uniti dal senso del dovere e dello Stato e, al contempo, tagliati fuori dai grandi e machiavellici disegni della politica. Così mentre lo Stato era allo sbando post-bellico, Calogero Cicero e Fedele De Francisca, due carabinieri, difendevano a prezzo della loro vita il feudo e le proprietà dei fratelli Buggera di Favara. E ancora, mentre lo Stato patteggiava con Cosa nostra, gli autonomisti, frange della vecchia Dc e forse anche con gli USA, la cattura e la morte del bandito Salvatore Giuliano, il poliziotto agrigentino Carmelo Lentini, di anni 23, perdeva la vita in un agguato teso dalla banda Giuliano a un convoglio di poliziotti.

E dove era lo Stato alla fine degli anni '60, mentre Cosa Nostra, da mafia rurale si stava trasformando in mafia politico-imprenditoriale? Forse era presente solo con le divise dilaniate dal tritolo di Calogero Vaccaro, di Silvio Corrao, di Pasquale Nuccio, di Giorgio Ciacci, di Mario Malausa, di Eugenio Altomare e di Marino Fardella, tutti morti nella strage di Ciaculli.

Servitori dello Stato, forse un po' più noti ma non certo meno isolati dei primi, erano anche l'appuntato dei Carabinieri Salvatore Bartolotta da Castrofilippo, il commissario Beppe Montana da Agrigento, i magistrati Antonino Saetta e Rosario Livatino da Canicattì, il brigadiere della Polizia Penitenziaria Pasquale De Lorenzo e il maresciallo dei Carabinieri Giuliano Guazzelli, solo per restare a nomi legati a vicende dell'Agrigentino.

Mi domando ancora dove era lo Stato mentre Cosa Nostra si scontrava con la Stidda in provincia di Agrigento lasciando sul campo in pochi anni circa duecento morti? E di questi duecento morti, molti erano uomini e donne, innocenti e inconsapevoli, strappati alle loro vite quotidiane, certamente non caratterizzate da agi e ricchezze.

E lo Stato ha mai seriamente protetto e incoraggiato l'imprenditoria "sana"? In tal senso emblematica appare la vicenda della famiglia Borsellino da Lucca Sicula, raccontata con commossa partecipazione e sdegno dal nipote Benny Calasanzio nelle pagine di questo libro, o quella di Salvatore Bennici da Licata o, ancora, quella dei fratelli Vaccaro Notte da S. Angelo Muxaro.

E per finire: la mafia non uccide i bambini si diceva, ha un suo codice d'onore! Ma dove era questo codice d'onore quando ha ucciso il piccolo Di Matteo o il piccolo Stefano Pompeo? E quanta storia si può scrivere in queste minime storie d'infanzia negata? I compagni di scuola che mai più si rivedranno, le prime corse e le prime cavalcate bruscamente interrotte, i sorrisi e la gioia di vivere, persi per sempre.

Un'ultima considerazione mi sia permessa, prima di lasciare questo scritto di Bugea e Di Bella ai lettori, e ancora un rimando letterario mi sia concesso, non leggete questo libro come una sorta di struggente "Antologia di Spoon River", ma come spunto per una riflessione politica e per una civile ribellione: il Sud non può fare a meno di legalità, ha ancora troppo bisogno di giustizia e sviluppo sociale per potere andare avanti.

Luigi Patronaggio

Estremamente breve e travagliata è la vita di coloro che dimenticano il passato, trascurano il presente, temono il futuro: giunti al momento estremo, tardi comprendono di essere stati occupati tanto tempo senza concludere nulla.
SENECA

IL DIRITTO DI RICORDARE PER DIFENDERSI
DALLA PRESUNTA NORMALITÀ DELLA SICILIA

Questo libro vuole essere, per esplicita affermazione degli autori, un atto di giustizia. Ed anche un gesto d'amore, esercitato con un semplice - ma quanto efficace! - esercizio di memoria nei confronti di "piccoli" cittadini caduti nel corso della guerra infinita che da secoli, in Sicilia, un pugno di onesti combatte contro la consorteria mafiosa.

Già, la memoria. Il nostro è un Paese che tende a dimenticare e spesso abbiamo dovuto ascoltare attacchi, anche interessati, all'indirizzo di quanti non intendono rinunciare al "diritto di ricordare". Quanti sorrisi di sufficienza abbiamo scorto - in occasione di celebrazioni e anniversari liquidati come "sterile liturgia" - nei volti di burocrati della politica interessati soltanto alla rimozione collettiva per poter riaffermare la presunta normalità della Sicilia.

E allora dobbiamo essere grati a chi respinge la facile tentazione a rifugiarsi nella ricerca del quieto vivere. Queste che leggiamo qui sono storie da strappare all'oblìo per un duplice motivo: per restituire al patrimonio etico collettivo esempi di eroismo da emulare e, ancora di più, per dare dignità "storica" a tanti uomini, donne e bambini sconosciuti che, con "piccoli grandi gesti" quotidiani, meritano un posto accanto ai "grandi eroi" già celebrati.

Dobbiamo moltissimo ai nostri caduti, ormai incardinati nella mente e nei cuori di tutti noi. Ma la stessa riconoscenza deve andare a tanti anonimi protagonisti di quella "onestà quotidiana" che spesso risulta più difficile del grande gesto. «Basta ricordare», dicono gli autori nell'introduzione. «E allora riaffiorano i nomi, i volti, i sorrisi, le gesta, il coraggio, gli occhi, le parole e il candore di decine e decine di persone come noi...». Storie dimenticate perchè non scritte da nessuna parte o perchè non hanno mai "meritato" un passaggio in tv, unico luogo dove sembra si possa avere ormai la certezza di esistere. Frammenti di una umanità sbiadita, ma che acquista lineamenti nitidi e fisionomia anche grazie ad un libro.

Francesco La Licata
vice direttore del quotidiano La Stampa

INTRODUZIONE

È proprio vero, quello che non si vede e non si racconta è come se non esistesse. E se per qualche tempo qualcosa è stato visto sulla faccia della terra non c'è problema: viene subito rimosso e cancellato dai ricordi. Dunque non c'è mai stato.

In una realtà dalla memoria corta com'è la Sicilia, dove la gente spesso guarda altrove pur di non incrociare neanche con lo sguardo la verità, questo concetto seppur banale e ridicolo è, invece, diventato il punto cruciale della cosiddetta strategia di inabissamento. O, più semplicemente è il passaggio cruciale di una filosofia di vita che trova la sua massima espressione nella mafia, ma che poi finisce con l'infiltrarsi in ambienti non mafiosi (nel senso consociativo del termine) che, senza volerlo, per inerzia, ne condividono il pensiero. E i frutti di questo ragionamento sono arrivati, inaspettati e imprevedibili, anche da dove i boss meno se li attendevano.

Pochi anni fa a Palermo un sociologo, ripetendo un errore che anni prima aveva fatto l'Alto commissario per la lotta alla mafia ("La piovra sarà battuta entro il duemila"), gridò ai quattro venti che Cosa nostra era finita. Entrambi furono ingannati dal silenzio assordante della mafia che dopo gli anni delle stragi e dei riflettori puntati sulla Sicilia aveva trovato l'impunità dandosi un tono silente e apparentemente rinunciatario. Ma il fatto che non si veda, o appena appena s'intraveda, non vuol dire che abbia chiuso bottega e dichiarato fallimento. Tutt'altro! La mafia oggi c'è, forse anche più di prima. C'è per le strade, negli uffici pubblici, nelle campagne, nelle idee. Solo che ora è diversa, ha cambiato pelle e per questo è difficile riconoscerla utilizzando i tradizionali mezzi di contrasto.

Tutto ha inizio con l'avvento di Bernardo Provenzano, *'Binnu u raggiuneri,* al comando della cupola mafiosa siciliana: cambia l'ordine per i picciotti e Cosa nostra fa un passo indietro, una specie di ritirata fatta, non certo per pavidità o debolezza, piuttosto per una scelta di forza. Si, di forza! Perché gli anni dell'inabissamento in realtà l'hanno corazzata, plasmata e forgiata.

Agli inizi, per i boss, sarà stato difficile dover fare ricorso alla razionalità piuttosto che all'impulso e alla tradizione arcaica delle faide per continuare a imporre la propria volontà con la forza bruta. Ma alla fine tanta pazienza e sofferenza sono state ricompensate con un salto di qualità, forse anche genetico. C'è qualcosa di nuovo ora nei cromosomi della mafia: i boss hanno capito che si può gestire, smuovere, manovrare, colpire e perfino uccidere senza usare la lupara; hanno capito che gli stessi risultati d'un tempo si possono ottenere allargando il tessuto delle complicità e in silenzio.

La mafia ha imparato a ragionare, non ha più scarpe sporche di terra, né mani tozze e ruvide. Ora ha diplomati e laureati al suo seguito. Governa come un manager, impone una quiete stagnante. Forte ma, paradossalmente, ha i talloni deboli e vulnerabili come quelli di Achille: si sbriciolano appena incontrano una minima resistenza.

La mafia, insomma, può essere vinta, basta desiderare di dare una spallata a quell'apatico convincimento che la guerra tra i clan è "cosa loro"; smettere di delegare ad altri (per esempio a magistrati e forze dell'ordine) il compito di fronteggiare un esercito di approfittatori che ha imparato a convivere ed assuefarsi a blitz, arresti e condanne. Dunque non teme le manette.

Quel che la mafia non tollera sono i normali, abituali e scontati, gesti di onestà quotidiana. Sbaglia chi pensa che contro la cultura del malaffare siano necessarie prodezze, gesta epiche, audacia. No, serve solo e soltanto la normalità di una vita che conosca il sapore della libertà: di pensiero e azione. Nessuno è esente e ciascuno può fare qualcosa. Basta poco. Basta anche guardare al proprio passato e volgere lo sguardo verso la storia. Bastano appena piccoli passi, basta ricordare. E allora riaffiorano i nomi, i volti, i sorrisi, le gesta, il coraggio, gli occhi, le parole e il candore di decine e decine di persone come noi che la mafia l'hanno conosciuta e subita fino all'estremo sacrificio della vita. Operai, sindaci, sindacalisti, carabinieri e poliziotti, donne incinte, emigrati, giovani e ragazzini di cui nessuno più parla. Come se non fossero mai esistiti! Ed invece erano i nostri amici, i vicini di casa, i nostri parenti che si sono trovati nel posto sbagliato, nel momento sbagliato. Improvvisamente hanno conosciuto la mafia e non hanno avuto scampo. Un lampo, un boato e sono caduti in un lago di sangue. Forse al posto nostro. O più semplicemente morti perché noi non siamo stati troppo vivi, perché non abbiamo opposto resistenza ad un mondo che è a un passo da tutti. Ci tocca ogni giorno, ci sfiora, ci parla e si nutre sfruttando il dilagante atteggiamento di silente complicità che si traduce nella politica del non fare, del giudizio, dei veleni e delle mormorazioni.

La mafia ci abbaglia come il sole caldo e lucente della Sicilia che acceca e non fa vedere. Non fa neanche ricordare.

In queste pagine tentiamo di ricostruire le storie di 60 vittime di questa assurda guerra che va dal 1911 al 2000. Non siamo certi di averli citati tutti. Per nulla! Non è facile stilare un elenco completo delle persone che hanno perso la vita per aver pestato i piedi a un boss, morti per un ideale, per aver difeso il bene comune "a sprezzo della vita", per aver fatto solo il loro mestiere con "normalità" rifuggendo i condizionamenti, per aver visto qualcosa di troppo, o per aver chiesto diritti e non favori.

Quest'elenco che proponiamo è frutto di una ricerca che continua ancora. Abbiamo preso come linea guida un analogo studio fatto dall'associazione Libera che ha tirato fuori una lunga lista, seppur con i limiti di chi non può certo conoscere tutte le lotte fra i clan delle province siciliane. Ma è stata una buona, e unica, base di partenza stante le difficoltà che si incontrano per consultare gli archivi della Prefettura, dell'ufficio speciale per le vittime di mafia istituito dalla Regione e dal Ministero degli Interni.

Alla traccia indicata da Libera si sono via via aggiunte altre storie di uomini che hanno avuto la vita stroncata dal piombo di mafia. Storie degne di essere ricordate e raccontate. Ed altre ancora contiamo di recuperare alla memoria dimenticata.

Per questo il pensiero va anche alle persone scomparse dalla faccia della terra di Agrigento senza tanto clamore. Gente inghiottita dal silenzio, il cui martirio non è finito in alcun elenco perché le indagini svolte non sono approdate ad alcunché. Dunque archiviate e dimenticate.

Il pensiero va alle tante vittime della lupara bianca: giovani e anziani che non hanno fatto più ritorno a casa e non hanno mai avuto una degna sepoltura. Il ricordo va a chi non ce l'ha fatta e si è suicidato per non continuare a subire.

A questi "ignoti" abbiamo rivolto la nostra attenzione certi che presto alcuni di loro riaffioreranno dall'oscurità in cui sono stati fagocitati e che la verità giudiziaria li riporterà alla vita.

Il libro non contiene le storie di persone la cui morte è riconducibile alle faide interne a Cosa nostra, né persone sulle quali le indagini hanno portato a galla più di un ragionevole dubbio sul proprio impegno sociale.

Non è impossibile che qualche storia sia sfuggita o che, per aver scelto di superare i limiti degli elenchi ufficiali, possiamo aver preso un abbaglio e ulteriori indagini accertino responsabilità e ruoli al momento non riscontrati. Ce ne scusiamo e invitiamo i lettori a utilizzare l'indirizzo email (*edizioniconcordia@email.it*) per segnalare eventuali carenze, errori od omissioni che saranno, certamente, colmati in una nuova edizione di questo libro.

Di alcuni personaggi non è stato difficile trovare notizie, per altri la ricerca è stata avara di informazioni. Solo ed esclusivamente per questa ragione ad alcuni è stato dedicato più spazio e ad altri meno.

La sequenza dei racconti viene fatta con un rigoroso ordine cronologico, concedendoci una deroga solo per i sindacalisti, la cui storia è anticipata da un testo che spiega il contesto sociale e politico di quegli anni con le battaglie per il diritto alle terre, la legge Fausto Gullo, le cavalcate dimostrative.

Il libro si arricchisce di due preziose testimonianze di familiari dei martiri di mafia. Il primo porta la firma di Roberto Saetta, figlio del giudice assassinato sulla strada statale 640 nel 1988. Il secondo è stato redatto da Benny Calasanzio, nipote degli imprenditori Paolo e Giuseppe Borsellino di Lucca Sicula. Due riflessioni, due urla di rabbia, che invitano a non perdere la memoria e a ricordare che se non si conosce il passato non si potrà mai costruire un futuro.

Ma non occorre perdere di vista anche coloro che in questa terra restano e diventano testimoni di un martirio, ingiusto e forzato. Per i familiari delle vittime della mafia sono previsti degli aiuti, frutto di una direttiva nazionale e di una norma, quasi identiche varate dalla Regione Sicilia che offre lavoro e un contributo finanziario. Si tratta di leggi importanti e preziose che hanno aiutato le famiglie a non piombare nel baratro della solitudine. Ma non tutte, perchè i tempi della burocrazia, purtroppo, non coincidono mai con quelli della vita. La legge n. 20 del 1999 è importante, sana una ferita apertasi nel 1967 quando l'Assemblea regionale siciliana provò a varare una legge per aiutare le vittime innocenti di mafia, ma venne impugnata e poi bocciata dal governo nazionale. In carica, in quel momento, c'era il democristiano Aldo Moro. Secondo il Commissario dello Stato la Regione (che aveva fatto appena in tempo ad approvare un'assistenza alla famiglia di Salvatore Carnevale), "non ha titolo a legiferare in materia".

Scriveva in quei giorni di ottobre il giornalista Giorgio Frasca Polara: "La legge prevedeva un impegno di spesa di appena 12 milioni e consentiva, a circa 50 coniugi superstiti di dirigenti politici e sindacali uccisi dai clan, di ottenere un vitalizio: 25 mila lire per le mogli, 15 mila per genitori e 10 ciascuno ai figli. Il commissario non ha avuto, però, nulla da ridire sulla legge che concedeva miliardi agli speculatori dell'edilizia, a quelli del turismo e ai potentati armatoriali, sotto forma di provvidenze di fiscalizzazione di oneri e contributi".

La Regione tornerà alla carica nel 1999 con il governo di transizione guidato da Angelo Capodicasa, e il testo approvato da Sala d'Ercole scrive la parola fine ai benefici, nel frattempo, concessi a pochi intimi con leggi *ad personam*, estendendo il diritto a un aiuto, indistintamente, a tutte le vittime.

Legge importante, ma anche straordinariamente intempestiva. È arrivata tardi. Troppo! Dalla strage di Portella delle Ginestre è trascorso oltre mezzo secolo, 88 anni dal delitto di Lorenzo Panepinto, 52 dall'assassinio di Accursio Miraglia. Le loro mogli sono già decedute, i figli sono andati avanti tra mille stenti. Molti sono emigrati, altri sono riusciti con difficoltà a mettere su famiglia. Dalla Regione (chi è riuscito a saperlo) hanno ottenuto soltanto un *bonus*, un assegno, ma niente lavoro visto che già lo avevano trovato; un'occasione persa, da non poter condividere con il resto della famiglia perchè soltanto a loro (o alle madri, sorelle e fratelli), la legge contempla la possibilità di una assunzione. Unica eccezione, che ha fatto gridare allo scandalo, è stata fatta per Giuseppe Spagnolo, il sindaco-contadino di Cattolica Eraclea. Nel 2004 la Regione, in deroga a quanto già stabilito, ha autorizzato il Comune ad assumere un pro nipote. Uno strappo alla regola, ma anche un precedente.

La normativa esistente, inoltre, non sempre si traduce in un aiuto concreto: si richiede che l'innocenza di una vittima venga espressamente indicata nella sentenza di un processo. Ma non sempre i giudici se la sentono di mettere nero su bianco, e questo costringe molti familiari a sommare il dolore per la perdita di un congiunto con la beffa di non poter avere un sostegno per insufficienza di prove.

A Palermo, nel 2001, destò clamore la notizia che lo status di vittime di mafia non era stato riconosciuto ai familiari di Giuseppe Impastato la cui sorte era diventata un film ma non ancora un processo con sentenza definitiva. Destino analogo è toccato a tanti agrigentini che non possono approdare agli onori della legge per un vizio di procedura. Basta poco, anche una frequentazione o una parentela ambigua e il dubbio alimenta il sospetto, che in alcuni casi è legittimo ma il più delle volte blocca e nega il diritto alla solidarietà a molte famiglie perbene alle quali la mafia ha stravolto la vita.

Vittime sì, ma non in nome della legge. Vittime immolate sull'altare del rigore assoluto, che rende difficili anche le cose più semplici, fino a rasentare il paradosso. La legislazione arriva da un lato a mostrare un criterio, per certi versi, innovativo riconoscendo vittime anche persone che negli agguati hanno, per fortuna, riportato solo ferite (creando così un precedente). Dall'altro sfiora l'assurdo di includere, per troppa fretta, nell'elenco dei martiri di mafia agrigentini che non sono mai esistiti nella realtà, ma solo nei computer della burocrazia che ha storpiato nomi e cognomi, commettendo una negligenza che offusca, offende e banalizza la verità. Seppellendo ancor più la memoria.

Ci sono, così, persone uccise due volte e la seconda per l'errore di un dattilografo o di una ricerca frettolosa. Ci sono familiari che potrebbero ottenere un beneficio dalle istituzioni ma che non possono usufruirne perché al posto del loro nominativo ce n'è uno di fantasia. Un errore spaventoso che suona come vergogna per la leggerezza di una verifica, forse mai compiuta. Ci sono vicende assurde di tante famiglie cui non è stato mai comunicato che il loro congiunto è stato riconosciuto vittima di mafia e che dunque avevano, e forse hanno ancora, diritto a essere sostenute e accarezzate da un aiuto delle istituzioni. Aiutare le famiglie delle vittime della mafia è un diritto, non un dovere da concedere solo su richiesta. Un diritto da portare fino al domicilio delle persone così profondamente offese e profanate. Sarebbe un pessimo esempio di legalità, se le leggi dello Stato e della Regione restassero inapplicate e i parenti delle vittime diventassero la testimonianza visibile di una giustizia che non c'è, dunque latitante. Nella Gazzetta Ufficiale del 13 settembre 1999 comparve una legge (n.20) con in allegato l'elenco ufficiale di sindacalisti e politici riconosciuti vittime di mafia e dunque ammessi ai benefici della legge. Al rigo ottavo compare il nome di Paolo Farina di Comitini. Fatte le verifiche si scopre che Farina non è mai nato, né esistito. Altri testi storpiando il nome parlano di un tale Farno. Ed è un primo passo verso la verità: il Farina o Farno che si voglia altri non è che Filippo Forno, operaio che tornava a casa da una riunione sindacale ad Aragona. Il nome corretto compare in una informativa riservata inviata dalla Regione, nel novembre del 1947, al ministro degli Interni, Mario Scelba. Vent'anni dopo, 1967, Forno diventa Farno nella lista delle vittime che accompagna la relazione conclusiva della prima commissione antimafia del Parlamento nazionale. Infine, inspiegabilmente, Farno diventa Farina nell'elenco allegato alla legge regionale n.20 del luglio del 1999, e con lo stesso criterio Giovanni Severino di Joppolo Giancaxio diventa Solerino Giovanni. "C'è poco da meravigliarsi scrive Giuseppe Casarrubea, il cui genitore (anche lui di nome faceva Giuseppe), un ebanista, morì durante un assalto alle sezioni dei partiti di sinistra contro le quali vennero lanciate delle bombe. Mio padre, Casarrubea, veniva indicato indifferentemente per Carubia, Casarubia o Casabia; Addamo diventava Adanno; Patti si trasformava in Pitti e Salvia in Silvia. Tanto quei nomi non contavano nulla e non contava neanche la loro funzione: da dirigenti diventavano semplici iscritti, mai viceversa. Il ministero giocava al ribasso anche con i morti". Sorte più desolata, invece, per Giuseppe Scalia protagonista di mille battaglie sindacali assieme a Giuseppe Spagnolo e Aurelio Bentivegna che scampò ad un agguato con tanto di lancio finale di bombe a mano. Morì solo Scalia, per questo il suo nome figura nell'elenco delle vittime innocenti stilato, nel 1947, dalla Commissione parlamentare antimafia. Viene, però, inspiegabilmente rimosso dalla Regione quando approva la legge n. 20. Ora si sta cercando di correre ai ripari. La triste sorte di Scalia è legata anche a un madornale errore sulla data di morte. Nel testo redatto dal parlamento nazionale viene indicato il giorno 25 novembre del 1945. Nulla di più sbagliato. Lo avrebbero scoperto gli stessi parlamentari se piuttosto che guardare le cronache tardive dei giornali d'epoca avessero consultato il certificato di morte. Scalia, infatti, venne ucciso il 18 novembre.

E poi c'è anche la vicenda di una donna vittima sì, ma indicata deceduta oltre che con il nome anche con l'uomo sbagliato. Negli elenchi ufficiali si parla di Marina Spinelli morta a Favara - si legge sulla Gazzetta Ufficiale - il 16 maggio 1946 insieme al sindaco Gaetano Guarino. Ma all'ufficio di stato di civile di lei non c'è alcuna traccia. Ricerche su ricerche da Favara si arriva a Lucca Sicula dove una tale Masina Perricone muore il 3 marzo del '46, durante una campagna elettorale, con le fucilate che avrebbero dovuto raggiungere Antonio Guarisco, candidato sindaco dei comunisti che ebbe salva la vita. Ed allora cosa c'entra il cognome di Spinelli? Semplice, era quello del marito.

Dunque albi fondamentali ma allo stesso tempo imprecisi. Contengono buona parte degli innocenti freddati da mani barbare, ma non tutti. C'è un piccolo esercito di persone senza macchia che vittime della mafia lo sono solo per chi ha il coraggio di sfidare leggi e sospetti. Rischiano di diventare le offerte sacrificali immolate sull'altare di un'antimafia distratta e senza troppa memoria. Aiutarli non significa fare qualcosa per occhio della gente, mettersi in pace con la coscienza, tanto per farlo! Qui c'è di mezzo la vita rubata a tanti innocenti, vittime incolpevoli di un male di cui, con i nostri silenzi, siamo diventati portatori sani. Ecco perché la lotta ai clan ci deve appartenere personalmente. Questa guerra agli uomini di Cosa nostra – parafrasandone l'etimologia – è "cosa nostra". Nostra e basta! Non si può stare a guardare. Per questo non si può usare questa legge solo animati dal desiderio di fare un favore, includendo nel "calderone" anche i bisogni dei congiunti delle vittime di incidenti aerei, missioni di pace, annegamenti e raptus di follia. Morti innocenti anche queste, ma sono un'altra cosa. Da onorare certo, ma collocandole su una posizione diversa. Mescolarli avrebbe il valore della confusione e anche dell'ingiustizia perché alle vittime di mafia viene chiesto di dimostrare (con tanto di timbri, sentenze e carte bollate) la propria estraneità a ogni fatto delittuoso e di fugare quel lontano sospetto di appartenenza alle consorterie che accompagna sempre il destino di tutti coloro che muoiono per mano mafiosa ("*sa chi fici!!"*). Quelli deceduti in un disastri aereo, invece, non devono far nulla nonostante per loro si rivendichino gli stessi diritti, stessi bonus, stesse agevolazioni.

Non si tratta di fare il favore a qualcuno, né l'occasione per tirar fuori il manuale delle assunzioni clientelari. Aiutare le vittime dei boss, significa combattere la mafia.

Favara in piazza per ricordare Stefano Pompeo

Più che la depressione piango per il silenzio del mondo
MARTIN LUTHER KING

Il silenzio e diventato la sua lingua madre
OLIVER GOLDSMITH

Agrigento, il contesto sociale dell'immediato dopoguerra.

Nell'estate del 1943, all'arrivo delle truppe alleate, le campagne siciliane erano potenzialmente in una situazione rivoluzionaria. Il fascismo aveva immobilizzato la condizione dei contadini e le masse di braccianti in particolare non avevano avuto neppure lo sfogo dell'emigrazione, bloccata dagli Stati Uniti a metà degli anni Venti del secolo scorso. Ben pochi vantaggi, inoltre, essi avevano ottenuto dalla demagogica politica coloniale di Benito Mussolini che in Sicilia aveva protetto gli interessi del blocco agrario formato dal ceto borghese, dal gruppo del clero possidente (e corrotto) e dagli amministratori locali subordinati alle famiglie borghesi e patrizie dominanti.
Tutti furono legittimati e rafforzati dal fascismo, finché questo durò. Non ebbero più bisogno di ricorrere alla violenza omicida ed assassina, perché lo stato totalitario con la sua violenza inibì ogni aspirazione democratica. Con la caduta della dittatura, e la conclusione della seconda guerra mondiale, anche in Sicilia i contadini pensarono che fosse finalmente giunta l'occasione di soddisfare la loro secolare aspirazione al possesso della terra. Nacque il movimento contadino spontaneo ed ebbero inizio le prime battaglie sociali. Una delle forme certamente più efficaci e spettacolari di lotta e di protesta dei contadini siciliani di quegli anni era la cosiddetta cavalcata: una coinvolgente manifestazione di massa, consistente, semplicemente, in adunata, marcia o gioiosa cavalcata, appunto perché ad essa molti contadini partecipavano montando muli, cavalli, asini. Ci si radunava nella piazza di un paese spesso nella prima mattinata e quindi ci si dirigeva verso le terre da occupare. La manifestazione era fortemente simbolica, rappresentava un forte e visibile momento di sfida verso i proprietari e anche verso le autorità.
Il sud agricolo era ancora quello del feudo, un mondo povero, immobile. Il grande latifondo era in Sicilia poco o mal coltivato: la mafia vi aveva messo radici e, da tempo, affondato i suoi tentacoli. Pertanto la richiesta dei contadini di dare la terra a chi era in condizione di lavorarla si scontrava fisicamente con la presenza mafiosa nel latifondo. Inevitabilmente nacque lo scontro, che coinvolse migliaia di persone e fu incontenibile. L'unico modo che la mafia ebbe per frenare la rivolta fu l'uccisione a decine di semplici contadini e dei sindacalisti e politici che li organizzavano.
Una svolta importante fu costituita dai famosi decreti del ministro comunista Fausto Gullo, che faceva parte del governo di unità nazionale presieduto da Ivanoe Bonomi. Il 19 ottobre del 1944 il

governo emanò nuove norme per la definizione delle quote di riparto dei contratti di mezzadria e la concessione, a gruppi di contadini associati in cooperativa, di terre incolte o mal coltivate o sequestrate ai fascisti. Il decreto che disciplinava i contratti di colonìa parziaria stabiliva un riparto che oscillava tra 1/5 (per il concedente) e 4/5 (per il colono) e la metà, a seconda del grado effettivo di partecipazione del proprietario alla vita dell'azienda. Successivamente (23 giugno 1945) vennero approvati alcuni importanti emendamenti apportati dall'Alto commissario per la Sicilia, Salvatore Aldisio, che consistevano in realtà in un ridimensionamento delle quote spettanti ai contadini. Nelle terre coltivate a grano, con una resa inferiore ai sette quintali per ettaro il riparto era più favorevole ai coloni (60 per cento) che ai concedenti (40 per cento), mentre per rimanenze superiori diventava progressivamente più favorevole ai proprietari. Ma in tal modo, secondo alcuni, era stata accolta una rivendicazione degli agrari che giocavano sulla differenza di rendimento tra le terre granarie dell'isola. In ogni caso si trattava di un notevole progresso per i rapporti contrattuali in uso in Sicilia.

Il decreto aprì nuovi spazi per le lotte dei contadini. Con il raccolto dell'estate del 1945 iniziarono gli scontri per la ripartizione del prodotto e l'attuazione dei decreti Gullo. La reazione dei latifondisti fu accesa e i contadini per difendere quelle conquiste dovettero reagire prontamente. Nacque un nuovo movimento di occupazione dei feudi.

Gli interessi padronali furono difesi con particolare durezza. In quel contesto, dimostrare di essere capace di mantenere il controllo del latifondo, e di bloccare la corsa verso la riforma agraria, divenne per la malavita un'esigenza imprescindibile per manifestare il proprio potere contrattuale nella Sicilia del tempo. Fu sempre la mafia, al soldo degli agrari, a farsi carico di stroncare le lotte dei lavoratori partendo dall'intimidazione per poi passare, se questa non produceva gli effetti sperati, all'assassinio. Né poteva essere altrimenti visto che i mafiosi erano alle dipendenze dei proprietari terrieri.

Ad amministrare i terreni dei latifondisti erano i gabellotti e a sorvegliarli i campieri che si occupavano di reprimere ogni forma di rivendicazione dei lavoratori agricoli. Nel giro di pochi anni, dal 1944 al 1948, furono quarantuno le persone assassinate e centinaia quelle ferite. Rattrista l'idea che di molti fra di essi poco o nulla si sia tramandato a parte il nome e la data del decesso. Alcuni morirono semplicemente perché erano iscritti a una cooperativa per l'assegnazione dei feudi.

La mattanza proseguì almeno sino al 1966 quando, si può dire, si spense il ruolo politico della mafia agraria e cominciò ad affermarsi quella urbana.

LORENZO PANEPINTO
Sindacalista. S. Stefano Quisquina: 16 maggio 1911. Aveva 48 anni.

A Santo Stefano di Quisquina, paese di cinquemila anime, il silenzio della placida sera del 16 maggio 1911 venne improvvisamente rotto dall'esplosione di due fucilate. Il maestro elementare del paese, Lorenzo Panepinto cadde davanti la Chiesa Madre e a poca distanza da lui restarono feriti due suoi amici con i quali stava conversando e passeggiando. Veniva dalla sede della Lega dei contadini che dirigeva. Due colpi bastarono per fermare il cuore del più importante difensore dei diritti dei lavoratori di quel povero paese. Il giorno dopo, quando velocemente la notizia si diffuse, i negozi, le botteghe e i circoli rimasero chiusi in segno di lutto. Si radunarono ben 4000 cittadini nella piazza dove Panepinto era morto reclamando giustizia e che si facesse subito luce su quel delitto efferato. A Santo Stefano venne inviata la fanteria perché si temevano disordini. Il corpo di Panepinto venne portato nella sede della Lega e avvolto con una bandiera rossa.

Aveva così cessato di parlare per sempre il protagonista di tante battaglie, una speranza e simbolo vivente di lotta per la giustizia per migliaia di poveri lavoratori del Sud. Quel brutale assassinio apparve immediatamente chiaro per quello che intendeva rappresentare: non un caso anonimo di vendetta personale ma il lucido disegno di azzerare le trasformazioni messe in atto dall'impegno di Panepinto. Con quei colpi di lupara si cercò di distruggere la rete di cooperative e di istituzioni periferiche su cui si andava costruendo la piattaforma riformatrice del socialismo isolano, così come Lorenzo Panepinto l'aveva concepita. Era nato il 4 gennaio del 1863 a Santo Stefano di Quisquina. Brillante negli studi fin da fanciullo, aveva ottenuto la licenza ginnasiale. Prese l'abilitazione all'insegnamento nelle scuole elementari. Nel 1889 entrò nel consiglio comunale del suo paese, ma si dimise l'anno successivo. Panepinto preferì tornare all'insegnamento nella scuola elementare ed alla pittura, sua passione giovanile. Un anno dopo si sposò e si trasferì a Napoli per lavoro. Tornò in Sicilia nel 1893, quando l'Isola era ancora scossa dalla rivolta dei Fasci siciliani, il grande movimento di rivendicazione salariale e sindacale dei contadini e dei minatori che grande successo ebbe anche nella provincia di Girgenti. Panepinto si impose presto come leader riconosciuto nel suo paese e nel circondario della sezione del fascio dei lavoratori. Era vicino all'area della democrazia radicale, ma presto divenne socialista militante. Cominciò a parlare apertamente al popolo del diritto che ognuno aveva al lavoro, al pane, alla riduzione delle ore di lavoro, all'abolizione di balzelli, gli odiosi oneri fiscali e bolli che colpivano soprattutto le fasce sociali più deboli. Parlava in maniera semplice, da bravo maestro. Alla prima manifestazione pubblica che organizzò parteciparono circa 500 lavoratori. Le successive ebbero un successo sempre crescente e non vi furono mai disordini. Ma quando cominciò ad organizzare i primi scioperi per chiedere la revisione dei patti agrari, i gabellotti spesso andavano dal sindaco e dal prefetto a chiedere provvedimenti contro l'agitatore di Santo Stefano di Quisquina. Istituì anche un'associazione che rimediava economicamente agli eventuali disagi causati dagli scioperi. Ben presto ebbe lusinghieri riconoscimenti a livello regionale e nazionale e partecipò come membro della federazione regionale socialista ai più importanti congressi nazionali del partito. Con lo stato d'assedio voluto dal capo del governo, Francesco Crispi, nel gennaio del 1894 i fasci in tutta la Sicilia vennero sciolti e anche Panepinto venne ufficialmente invitato dalle autorità "a chiudere la sede e a non tenere riunioni affollate". Nei primi anni dopo l'esperienza dei fasci siciliani, il suo impegno politico continuò attraverso la "Lega di miglioramento fra i contadini" (1901), che gestiva scuole serali. Si distinse anche attraverso attività culturali e in particolare nel giornalismo. Diresse nel 1903 il foglio "La Plebe", un quindicinale di ispirazione socialista che polemizzava con la locale amministrazione.

Fallito un tentativo di farsi eleggere deputato, per le crescenti difficoltà in cui si trovò nel suo stesso paese, la famiglia di Lorenzo Panepinto decise di trasferirsi nel 1907 nella città di Tampa, in Florida, negli Stati Uniti. Nel nuovo continente oltre a lavorare si dedicò alla stesura di alcune opere di carattere sociale e pedagogico. Il soggiorno in America ebbe, però, durata breve. Tornato a Santo Stefano nel 1908 riprese l'attività di maestro di scuola elementare, nello stesso tempo prese attivamente parte alla campagna elettorale per le politiche di quell'anno nel collegio di Bivona. Con la Lega prese in affitto il feudo Mailla Soprana, si trattava della prima delle cosiddette "affittanze collettive" che eliminavano la mediazione parassitaria del gabellotto e realizzavano la conduzione diretta di ex feudi, introducendo concimi chimici, macchine agricole. Il fatto suscitò malcontento tra i potenti gabellotti e gli agrari mafiosi. Panepinto si spinse oltre, sollecitando la direzione del Banco di Sicilia a istituire una banca agraria in grado di concedere gli anticipi ai contadini per organizzarsi in proprio. Tutte queste iniziative gli valsero parecchie minacce da parte della mafia. Gli anni che seguirono furono tutti segnati dall'impegno per sviluppare le azioni di lotta della sua Lega, delle sue cooperative, anche perché in quegli anni la crescita del movimento contadino si collegava con lo sviluppo delle cooperative e delle affittanze collettive. Nel 1909 Panepinto partecipò al congresso agricolo socialista di Palazzo Adriano dal quale per acclamazione venne eletto presidente. La sera del 16 maggio 1911 aveva da poco concluso un incontro nella sede della Lega, dove si stava preparando la fase costituente della Cassa agraria di Santo Stefano che doveva funzionare come intermediario del Banco di Sicilia per poter soccorrere con piccoli anticipi i contadini. Una delle ipotesi dell'omicidio verteva proprio intorno alla costituzione di tale iniziativa bancaria. Le indagini giudiziarie furono piuttosto tardive. Del delitto venne accusato, poco più di un mese dopo, il campiere Giuseppe Anzalone. Una donna disse di averlo visto sul luogo del delitto con addosso una lupara. Ma nel processo del 1914, a Catania, Anzalone venne assolto. Il "caso Panepinto", così, si chiuse il 7 aprile 1914, con una sconfitta per lo Stato.

GIUSEPPE SCALIA
Sindacalista. Cattolica Eraclea: 18 novembre 1945. Aveva 41 anni.

Giuseppe Scalia nacque a Cattolica Eraclea il 23 maggio 1904, figlio di Antonio e Maria Carmela Caltagirone Amante. Nel 1927 si sposò con Giovanna Triassi, figlia di Vincenzo e Vincenza Alfano.
Finita la guerra si era posto con altri contadini alla testa del movimento che lottava per l'assegnazione delle terre incolte e l'attuazione della riforma agraria. La sua azione fu convinta e coraggiosa, per questo venne scelto per la carica di segretario della Camera del lavoro del paese. Nei mesi in cui ricoprì questo incarico crebbe la stima di tutti verso la sua persona e la sua intelligenza politica. Contemporaneamente crebbe l'odio della mafia locale e degli agrari che cercavano di conservare i propri privilegi. Nonostante le minacce di morte, e il clima di paura che dominava in quegli anni in tutte le campagne, Scalia perseverò nel suo impegno, spesso recandosi nei centri vicini per sostenere le lotte dei contadini di Siculiana, Montallegro e Sciacca. Alla fine di un anno, che aveva consacrato interamente alla lotta per la giustizia sociale e per difendere i diritti dei contadini, il 18 novembre 1945, venne affrontato da un gruppo di mafiosi che gli lanciò contro due bombe. Cadde in una pozza di sangue in una di quelle strade che tante volte lo avevano visto protagonista di coraggiose manifestazioni. Insieme a lui in quella circostanza si trovava il vicesindaco socialista di Cattolica e presidente della Cassa Agraria, Aurelio Bentivegna, che rimase ferito.

GIUSEPPE PUNTARELLO
Sindacalista. Ventimiglia di Sicilia : 4 dicembre 1945. Aveva 53 anni.

Il 4 dicembre 1945 venne trovato ucciso a Ventimiglia di Sicilia il segretario della locale sezione comunista Puntarello Giuseppe. Era nato a Comitini il 14 agosto del 1892, figlio di Carmelo e Alfonsa Alaimo. Nel 1932 si era stabilito a Ventimiglia di Sicilia dove aveva trovato lavoro e una casa in via Garibaldi. Dalla moglie, Vincenza Saperi, ebbe cinque figli: Carmelo, Alfonsa, Giuseppe, Matteo e Vincenzo. Nel 1939 dovette emigrare ad Asmara (Eritrea), tornò due anni dopo. Nell'immediato dopoguerra si distinse per il coraggioso impegno in difesa del movimento contadino di Ventimiglia. Puntarello lavorava come autista della ditta INT e da diversi anni ormai conduceva l'autobus che collegava il paese con Palermo, alternandosi nella guida con un compagno di lavoro, pure lui di Ventimiglia, All'alba del 4 dicembre 1945 il suo collega si trovò nell'impossibilità di andare a prelevare l'autobus dall'autorimessa e pertanto Giuseppe Puntarello lo sostituì. Un commando mafioso costrinse Puntarello a fermarsi per strada mentre si stava recando all'autorimessa e lo uccise con fredda determinazione con alcuni colpi di lupara. Molti in quei giorni dissero che l'obiettivo dei killer non era Puntarello, ma il suo compagno di lavoro. La verità venne a galla qualche anno dopo. Era stato ucciso per il suo impegno di dirigente della Camera del Lavoro. Si era trattato, insomma, di uno dei tanti omicidi che in quegli anni la mafia compiva per piegare il movimento contadino in lotta per le terre. Quando venne assassinato il figlio più piccolo aveva dieci anni, la moglie Vincenza 48: rimase senza pensione perché allora non c'era la legge sulla reversibilità. I piccoli furono aiutati dai nonni, mentre Matteo, che era sordomuto, venne portato in un collegio. Il figlio Giuseppe venne assunto al posto del padre, ma pochi mesi dopo venne licenziato.

GIOVANNI SEVERINO
Sindacalista. Ioppolo Giancaxio: 25 novembre 1946, resta ferito.

Nel 1946 a Ioppolo Giancaxio vigevano da gran tempo arcaiche logiche feudali, ma all'improvviso accadde qualcosa di assolutamente rivoluzionario: la commissione provinciale per le terre incolte lottizzò i possedimenti degli eredi della baronia dei Colonna, fondatori del paese. La reazione della mafia locale, che interpretava gli interessi degli affittuari e dei mezzadri legati alle fortune dei baroni, non si fece attendere. L'iter delle decisioni della commissione, intanto, si concluse e le terre del barone vennero assegnate alle cooperative dei braccianti che ne avevano diritto.

La lotta per difendere quella coraggiosa svolta era appena iniziata. Gli eredi dell'ultimo duca del paese presentarono una serie di ricorsi per fermare il provvedimento della commissione in Tribunale. Chiesero la nullità. Nello stesso tempo gli affittuari e i mezzadri del duca diedero vita a una cooperativa nella speranza di ottenere l'assegnazione di tutte le proprietà del loro padrone confiscate dalla commissione provinciale per le terre incolte. Erano certi che il Tribunale avrebbe accolto le richieste di nullità presentate dagli eredi del duca. Ne venne fuori una guerra di carte bollate dinanzi alla quale i partiti dell'opposizione e i sindacalisti che difendevano la causa dei braccianti non restarono a guardare. Anzi in tutte le sedi opportune si moltiplicarono le iniziative per difendere i diritti degli agricoltori di Ioppolo e, dunque, per applicare le leggi che nel dopoguerra erano nate per dare un pezzo di terra ai poveri contadini siciliani.

Lo scontro fra i due fronti non andò avanti "solo" nei palazzi di giustizia. Presto si arrivò alle minacce e poi anche alle rivoltelle e bombe a mano. Vennero presi di mira dalla mafia innanzitutto i maggiori dirigenti della Camera del Lavoro.

Il primo dicembre del 1946, all'alba, la famiglia di Severino venne svegliata da alcuni colpi sordi alla porta d'ingresso, accompagnati dalle concitate parole di un individuo che ripeteva ad ogni colpo che sferrava contro la porta: *"Aprite in nome della legge!"*. Giovanni Severino, 42 anni, era il segretario della Camera di Lavoro di Ioppolo ed anche presidente di una delle cooperative a cui la Commissione provinciale per le terre incolte aveva assegnato le terre degli eredi dei Colonna. Era quindi in prima linea nella accanita lotta che imperversava da mesi a Ioppolo tra agrari e contadini per le terre degli eredi della baronia.

Alla richiesta di Severino di qualificarsi, l'individuo che gli ordinava di aprire la porta rispose: *"Sono il maresciallo dei carabinieri"*. Ma Severino non riconobbe la voce del sottufficiale che conosceva bene e si rese subito conto che era stata anche volutamente artefatta. Quindi non aprì la porta di casa, rispose alle richieste del falso maresciallo dicendogli di andare via. A questo punto il falso carabiniere esplose alcuni colpi d'arma da fuoco. I proiettili attraversarono la porta e raggiunsero Severino in alcune parti del corpo, per fortuna senza ledere organi vitali. Soccorso dai familiari, venne condotto in una clinica di Agrigento dove le ferite vennero rimarginate. Ai carabinieri di Agrigento che condussero le indagini, il dirigente della Camera del Lavoro di Ioppolo disse apertamente di chi sospettava. A Ioppolo vennero arrestati alcuni personaggi della criminalità locale, ma non si ebbero elementi sufficienti per inchiodare i sospetti. La vicenda non si poté concludere con un riscontro giudiziario. Giovanni Severino morirà trent'anni dopo all'età di 73 anni.

FILIPPO FORNO
Sindacalista. Comitini: 29 novembre 1946. Aveva 46 anni.

Il 29 novembre del 1946 in contrada Serra Palermo, al confine tra Aragona e Comitini, venne trovato morto ammazzato il bracciante Filippo Forno di 46 anni, nato a Palermo il 23 maggio del 1900, figlio di Francesco e Antonia Greco.
Stava ritornando a piedi dalla vicina Aragona, dove - secondo i testi più accreditati - si era recato per incontrare altri contadini della zona. Ma quella sera non fece rientro a casa. Lungo la strada della "Cirasa" trovò il paesano Giuseppe Pullara, un bracciante di origini favaresi dal carattere autoritario, ed insieme s'incamminarono. Vennero trovati morti, "colpiti entrambi da arma da fuoco", si legge in una relazione dell'allora Pretura di Aragona. La moglie di Forno, Vittoria Nigrelli, solo da venti giorni aveva messo al mondo un'altra bambina.
Il nome Forno non compare nell'elenco delle vittime di mafia approvato dalla Regione Siciliana, e non certo per mancanza di meriti. Solo che in una terra dalla memoria corta come la Sicilia spesso diventa quasi impossibile superare i limiti della superficialità ed allora – come nel caso di Forno – si può essere condannati a dimostrare la propria esistenza in vita. Ecco il paradosso.
Il nome di Filippo Forno compare correttamente, un anno dopo la morte, in un resoconto riservato (datato 13 novembre 1947) a firma del dott. Cucugliata della segreteria della Presidenza della Regione Siciliana, indirizzato al ministro degli Interni Mario Scelba, per comunicargli "dati aggiornatissimi circa gli omicidi e ferimenti in persone di dirigenti o appartenenti al partito comunista italiano nella Sicilia". In quest'elenco (a cui attingerà tutta la vigente legislazione) il nome, corretto, di Filippo Forno, occupa il primo posto della lista dei comunisti deceduti.
I guai arrivano dopo, perché in quelli successivi si parla ancora del delitto del 29 novembre 1946, ma viene indicata una "nuova" vittima: nel 1967 la commissione nazionale antimafia parla di un tale Paolo Farno, che nel 1999, con la legge della Regione, diventa Paolo Farina. Cancellando, così, ogni traccia di vita.

A complicare le cose c'è poi la pubblicazione di alcuni testi, anche su internet (nei siti di Libera e Cgil Scuola), che nel considerare le vittime di mafia del 1946 per Comitini tirano fuori addirittura due nomi: Paolo Farina e Paolo Farno, di entrambi, ovviamente, non esistono tracce biografiche perché sono frutto di una diavoleria partorita dalla macchina burocratica. Un paradosso del "doppione", con l'uso disinvolto di ben tre dati anagrafici per indicare una sola persona: Filippo Forno. Perché, al di là di ogni ragionevole dubbio, resta una sola inconfutabile certezza: a Comitini l'unico agguato mortale di quell'inverno fu quello di Filippo Forno. E se dunque ci fu una vittima di mafia uccisa il 29 novembre del 1946 non può che essere lui. Non ci furono altri morti ammazzati il quella data. Tranne Giuseppe Pullara che nulla, però, ha a che vedere con vicende sindacali e di partito. Per questo il suo nome venne subito legato a certi ambienti di Favara, suo paese di origine.

Ma la tribolata vicenda, post mortem, di Forno non finisce qui. Un errore di scrittura, stavolta per fortuna "leggero", riguarda anche la data del decesso. La sequenza inizia sempre col funzionario regionale Cucugliata che, nell'informare il Ministro Scelba, azzecca il nome, ma non il giorno dell'agguato ed indica il 30 novembre piuttosto che il giorno 29.

L'errore anagrafico si coglie poi anche in un testo che ricostruisce le lotte sindacali. Il giorno dell'agguato viene, addirittura, anticipato. Il nome ovviamente è sbagliato, per quel principio di cui Casarrubea parla a pagina 16.

Il 28 novembre, a Comitini (Agrigento), fu ucciso il contadino comunista Paolo Farina. Questi stava ritornando a piedi dalla vicina Aragona, dove era andato per creare un collegamento tra l'azione dei contadini del proprio paese con quella in atto nel principale centro della zona. In quello stesso periodo, "furono consumati attentati contro i dirigenti sindacali Cucchiara di Aragona e Giovanni Severino di Joppolo".
(M. Cimino, in C.Pantaleone (a cura di), 1985 p. 26).

Per la cronaca Cucchiara di nome faceva Vincenzo. Vittima di un agguato, restò ferito. L'episodio avvenne il 25 novembre del 1946, quattro giorni dopo fu la volta di Filippo Forno (anche lui comunista). Stavolta, però i killer non sbagliarono.

ACCURSIO MIRAGLIA

Sindacalista. Sciacca: 4 gennaio 1947. Aveva 51 anni.

La sera del 4 gennaio del 1947 a Sciacca fu ucciso Accursio Miraglia. La morte di questo straordinario dirigente comunista provocò una reazione senza precedenti non solo in provincia di Agrigento dove era molto conosciuto ed amato, ma anche nel resto d'Italia. Si temettero persino azioni di rappresaglia che a stento vennero bloccate dalle strutture sindacali e dal Pci. Grazie a quello straordinario sdegno popolare i suoi sicari vennero isolati e divenne più semplice identificarli.

La Questura di Agrigento il 15 aprile del 1947 fu in grado di comunicare i risultati della sua indagine in cui si concludeva: " *... la causale del delitto deve attribuirsi a vendetta contro il Miraglia per l'intensa azione sindacale da lui svolta per l'assegnazione delle terre incolte quale segretario della Camera del lavoro di Sciacca".* Gli assassini vennero assicurati alla giustizia ad opera di funzionari, come il commissario di Sciacca, Giuseppe Zingone e il capo della Mobile, Cataldo Tandoj.

"Purtroppo, dopo otto mesi, il clima di entusiasmo che gli arresti avevano alimentato cessò di colpo: la Corte d'Appello di Palermo (che aveva avocato a sé l'indagine), con sentenza istruttoria prosciolse, con formula piena, tutti gli accusati. Due di essi ritrattarono le dettagliate confessioni rese, dicendo al giudice che erano state fatte sotto tortura. L'autorità giudiziaria avviò un procedimento penale a carico degli ufficiali di polizia accusati di sevizie. Ma, nel 1951, anche questi furono assolti in istruttoria "perché il fatto non sussiste". Una volta chiarito che le confessioni rese dagli accusati del delitto Miraglia erano state spontanee, per logica si sarebbe dovuto riaprire l'inchiesta. Ma ciò non avvenne. Per cui, continuarono a esserci due sentenze in evidente contrasto, e gli assassini di Miraglia - così come, del resto, gli assassini degli altri sindacalisti siciliani - rimasero impuniti". (G. Di Lello)

Accursio Miraglia nacque a Sciacca il 2 gennaio 1896. Era figlio di Nicolò e Maria Venturini. Si sposò con Tatiana Klimenko, di origini russe, il cui nonno era cugino del zar di Russia. Ebbero tre figli. Con il diploma di ragioniere venne assunto dal Credito Italiano a Catania, poi divenne capo ufficio in una società finanziaria di Milano che si occupava di investimenti in Borsa.

Divenuto anarchico venne, per tale ragione, licenziato e tornò nella sua città natale dove si segnalò subito per la sua fede comunista e decisamene antifascista. In quel periodo diresse a Sciacca alcune attività imprenditoriali. Finita la seconda guerra mondiale venne nominato segretario della Camera del Lavoro del circondario di Sciacca, membro del direttivo della Federazione comunista di Agrigento, componente della Commissione per la concessione delle terre incolte presso il tribunale di Sciacca, amministratore dell'ospedale locale. Assieme ad alcuni giovani intellettuali di Sciacca organizzò tra l'altro la cooperativa "Madre Terra". Era uno dei dirigenti "più amati e seguiti del movimento contadino siciliano, un vero capopopolo".

Nella sua zona aveva promosso e diretto attività a sostegno dei lavoratori poveri e disoccupati. Basti ricordare la grande cavalcata del settembre '46: *"Montava un cavallo bianco ... dietro di lui tutta la massa. C'erano di Menfi, Montevago, Santa Margherita, Sambuca, Burgio, Caltabellotta, Lucca Sicula, Ribera, Calamonaci, Villafranca, tutti a cavallo ... erano allegri ... i più ricchi quella mattina balconi non ne hanno aperto ...una cavalcata che non finiva mai ...c'erano quattro o cinquemila muli ...poi tutte le biciclette ...poi al campo sportivo lui disse quattro parole ...era molto contento e fece applauso alle persone e ringraziò il popolo ...da quel momento fu l'inizio di cominciare l'odio mortale che gli avversari sentivano ...da allora alla commissione delle terre incolte presso il Tribunale si sono impressionati e le concessioni ebbero un passo più accelerato".*

(testimonianza raccolta da Danilo Dolci)

GIUSEPPE SPAGNOLO
Sindaco. Cattolica Eraclea: 13 agosto 1955. Aveva 54 anni.

Il 19 marzo 1946 a Cattolica Eraclea si svolsero le prime elezioni amministrative del dopoguerra. Quando lo scrutinio dei voti finì e fu chiaro il consenso degli elettori in particolare verso Giuseppe Spagnolo (ebbe 1841 voti), molti credettero davvero che quella sarebbe stata una nuova primavera, tanta era la stima che il candidato comunista riscuoteva in tutti i ceti.

Giuseppe Spagnolo era nato a Cattolica Eraclea il 28 settembre 1900 in una modesta famiglia di contadini. Il padre Liborio lavorava le terre dei padroni del paese, la madre, Maria Russo, era casalinga. Giuseppe seguiva il padre nel lavoro nei campi e subito dopo la prima guerra mondiale vedendo la propria famiglia in gravi difficoltà economiche per sostenerla lavorava coltivando i campi, mietendo il grano e adattandosi a compiere ogni sorta di attività. È in questo contesto che Giuseppe Spagnolo conobbe da vicino la trama nefasta che legava gli agrari ai briganti e ai capi mafia. Quelli erano i tempi in cui veniva imposto il pizzo sulle rendite dei campi e i campieri spadroneggiavano sfruttando in modo disumano i contadini, spesso costretti al silenzio per conservare il posto e portare il pane a casa.

Spagnolo partecipò alle manifestazioni contadine nel periodo cosiddetto del "biennio rosso", quando, subito dopo la prima guerra mondiale, a causa di una forte ondata inflazionistica, in tutta Italia milioni di operai e contadini scesero nelle piazze e manifestarono anche con lunghi periodi di sciopero. Poi arrivò il regime fascista e soffocò le richieste del movimento contadino. Tra quanti non si piegarono al potere di Benito Mussolini vi fu anche Giuseppe Spagnolo che pagò il suo coraggio con il confino. Fu condannato e inviato nell'isola di Pantelleria, era il 1935. Poi con l'avvento della Repubblica i partiti e i sindacati tornarono ad affacciarsi alla vita democratica e a riprendere legalmente, alla luce del sole, il proprio impegno.

Con Francesco Renda (giovane intellettuale comunista del suo paese), Aurelio Bentivegna e Giuseppe Spagnolo (allora ancora studente universitario) si formò a Cattolica Eraclea una triade temutissima dagli agrari. A loro si deve la nascita del Pci a Cattolica Eraclea. Renda fu il primo segretario cittadino. Giuseppe Spagnolo organizzava soprattutto l'attività sindacale dei braccianti e pertanto fondò la cooperativa "La proletaria", che associava ben duemila contadini. Era una delle maggiori della provincia. Spagnolo stava alla testa delle celebri cavalcate e con in pugno la bandiera rossa guidava la riscossa dei contadini poveri. I risultati furono eccellenti: i feudi di San Giorgio e Monte Sara vennero occupati e divisi in lotti tra i contadini. Decine di famiglie realizzarono un sogno, ebbero la terra.

Maturò, così, la decisione del partito comunista e di tanti suoi compaesani di presentare la candidatura a sindaco del coraggioso compagno contadino. Divenuto primo cittadino, il 19 marzo del 1946, il suo primo assillo fu quello di aumentare lo stipendio ai lavoratori del Comune. Quei provvedimenti di carattere sociale e riformista infastidirono non poco i notabili del paese e inevitabilmente all'interno della sua giunta emersero difficoltà e incomprensioni che Spagnolo non riuscì a dirimere. Sei assessori lo abbandonarono e lui si dimise. Rimase in carica appena dieci mesi.

Da quel momento continuò senza sosta la sua lotta politica e il suo impegno sindacale nella Camera del lavoro e con la Federterra. Ma il clima di mese in mese diventava sempre più pesante, la controffensiva agrario-mafiosa si avvaleva di bande come quella di Giuliano, usava il tritolo persino contro le forze dell'ordine. Non c'era politico, sindacalista, attivista che non venisse intimidito. Questa sorte toccò anche a Spagnolo. In una escalation senza tregua venne più volte danneggiata la sua campagna, minacciato e picchiato. Nel 1952 fu aggredito e percosso a sangue da otto persone rimaste sconosciute e ciò avvenne alla presenza del figlio e di alcuni contadini del vicino paese di Montallegro. Due anni dopo gli venne bruciato un pagliaio.

Nella notte fra il 13 e il 14 agosto del 1955, mentre dormiva nel suo vigneto in contrada Bissana, tra Cattolica e Cianciana, un sicario lo raggiunse e lo uccise con ben sette colpi di lupara.

Venne arrestato un giovane contadino, Rosario Gurreri, il quale accusò del delitto i suoi amici Giacinto Arcuri, Leonardo Salvo e Leonardo Cammalleri che vennero processati e condannati all'ergastolo.

Ma tutti e tre sfuggirono al carcere espatriando negli Stati Uniti, dove fecero perdere le proprie tracce. Rosario Gurreri, accusato di solo concorso in omicidio, venne assolto per insufficienza di prove. Non furono invece individuati i mandanti del delitto.

Conclusosi il procedimento Gurreri emigrò in Canada, a Montreal, dove il 12 marzo 1972 fu trucidato a colpi di accetta da cucina e coltello da caccia all'interno del suo ristorante. Cinquanta anni dopo la scomparsa, nel 2005, nella villetta comunale del suo paese è stato collocato un busto bronzeo.

PAOLO BONGIORNO
Sindacalista. Lucca Sicula: 27 settembre 1960. Aveva 38 anni.

Il sindacalista Paolo Bongiorno, di 38 anni, segretario della Camera del lavoro di Lucca Sicula, padre di cinque figli e uno in arrivo, venne ucciso alle 22.30 del 27 settembre del 1960 con alcuni colpi di fucile caricato a lupara. I killer si erano nascosti dietro lo spigolo di un muro. Bongiorno, colpito alla schiena, emise un forte grido di dolore e, dopo aver fatto alcuni balzi in avanti, stramazzò al suolo in fin di vita. Cadde a pochi passi dalla sede di quella Camera del Lavoro dove ogni giorno coraggiosamente difendeva i diritti dei lavoratori. Quella sera aveva presieduto una riunione della commissione di collocamento e stava tornando a casa soddisfatto per i risultati ottenuti.

Le indagini dei carabinieri finirono col minimizzare il ruolo del sindacalista in paese (*"era semplicemente il rappresentante della categoria braccianti di questo comune, aderenti alla Cgil"*).

Per il partito comunista di Lucca Sicula, invece, si trattava di un chiaro delitto politico ordito dalla mafia locale in considerazione del fatto che Bongiorno si era distinto per la sua accesa lotta contro il tentativo delle cosche locali di controllare il mercato del lavoro. Il caso Bongiorno giunse in Parlamento e venne posto all'attenzione della commissione antimafia.

Era nato il 30 luglio 1922 a Cattolica Eraclea. Figlio di Giuseppe e Giuseppina Renda. Nel 1944 si sposò con Francesca Alfano, dalla quale ebbe sei figli. Il padre era un povero *jurnataro*. Paolo aiutava la sua povera famiglia come poteva. Innanzitutto studiava, ma quando la povertà della famiglia lo richiedeva con i fratelli andava al fiume Platani a raccogliere la liquirizia da rivendere ai commercianti, mieteva il grano, raccoglieva le mandorle, l'uva, le olive e faceva persino il manovale quando gli si offriva qualche proposta.

Superati gli anni da "balilla", obbligatori durante il fascismo, Paolo non si fece imbonire dall'indottrinamento mussoliniano.

Dopo che furono emanati i decreti Gullo anche a Cattolica Eraclea i contadini presero d'assalto il latifondo. Paolo partecipò alle numerose cavalcate organizzate nel suo paese dai dirigenti comunisti, in particolare da Francesco Renda e Giuseppe Spagnolo. Con le bombe la mafia cercò di fermare quel movimento di lotta. Nel 1946, per la prima volta anche a Cattolica, si svolsero le elezioni libere. Bongiorno si schierò apertamente per il Blocco del Popolo che vinse le consultazioni. Spagnolo fu eletto sindaco di Cattolica Eraclea e per la prima volta un contadino ricopriva la carica di primo cittadino.

Nonostante tutto per Bongiorno divenne difficile trovare lavoro, fu amaramente costretto ad allontanarsi di qualche chilometro dal suo paese. Nel 1949 trovò una duratura occupazione a Lucca Sicula grazie all'aiuto del suocero che viveva in quel paese. La fortuna però non lo accompagnò in quegli anni: ricominciò a lavorare come bracciante agricolo con scarsi risultati economici. Così scelse la strada dell'emigrazione. Partì per la Francia dove lavorò appena 40 giorni come manovale. La nostalgia per la moglie, i figli e anche per la propria terra lo riportarono molto presto in Sicilia. Tornò nella sua nuova casa di Lucca Sicula a lavorare in campagna, adattandosi a condizioni e paghe pietose.

Senza tentennamenti preferì la via dell'impegno politico e si iscrisse al partito comunista di Lucca Sicula. Anche se aveva solo la licenza elementare riusciva a comunicare bene il proprio pensiero e a farsi interprete dei bisogni della gente che sempre più numerosa si rivolgeva a lui per un sostegno. Dopo un po' di tempo, fu nominato segretario della Camera del lavoro. Organizzò numerosi scioperi reclamando paghe più alte e orari di lavoro più dignitosi. Guidò i lavoratori in manifestazioni provinciali e regionali. Si battè per portare a otto ore le giornate lavorative e a tremila lire il salario giornaliero. Decisivo fu il suo contributo nella campagna elettorale del 1956, alla quale partecipò attivamente facendo anche numerosi comizi. Venne apprezzato per la forza delle argomentazioni, la concretezza dei discorsi e l'efficacia con cui argomentava le sue idee politiche. Ma quanto più cresceva l'impegno di Paolo Bongiorno alla Camera del lavoro, tanto più cresceva l'odio dei suoi avversari politici. Per ritorsione nei suoi confronti e per smorzarne l'entusiasmo, i datori di lavoro evitavano di assumerlo o lo licenziavano dopo poco tempo. Così gli era sempre più difficile trovare lavoro. Paolo si arrangiava come poteva: lavorava a jurnata, come muratore, bracciante... qualsiasi cosa purché si lavorasse. Intanto la famiglia Bongiorno si faceva sempre più numerosa. Erano nati Giuseppe, Pietro, Giuseppina, Salvatore, Elisabetta. Non gli mancò comunque il sostegno dei familiari e degli amici. Nel 1960 il partito comunista di Lucca lo candidò al consiglio comunale e il 26 settembre presentò la lista. La sera dopo Paolo Bongiorno venne assassinato, i killer ferirono il nipote Giuseppe Alfano che dovette rifugiarsi al nord (a Empoli) dopo aver fatto il nome del presunto assassino. Ai funerali partecipò anche il segretario regionale della Camera del Lavoro, Pio La Torre (anche lui, 22 anni dopo, nel 1982, ucciso dalla mafia). Per la morte di Bongiorno non è stato mai celebrato alcun processo.

CALOGERO CICERO - FEDELE DE FRANCISCA
Carabiniere. Favara: 18 settembre 1945. Aveva 39 anni.
Carabiniere. Favara: 18 settembre 1945. Aveva 34 anni.

Anche se la guerra era finita, le notti continuavano a non essere tranquille nell'entroterra della provincia di Agrigento. Bande di ladri e assassini imperversavano per le campagne e talvolta si avvicinavano anche fin dentro i paesi a mettere a segno i loro colpi. Non di rado lasciavano morti e feriti e il panico tra la gente. I banditi (anche a gruppi numerosi) mettevano in mostra le lupare e ogni sorta di fucili e pistole che spesso requisivano ai soldati italiani in fuga dopo l'otto settembre del 1943, quando si ebbe l'annuncio ufficiale dell'armistizio con gli Alleati e la fine dell'alleanza politica e militare con la Germania nazista. La notte del 14 settembre 1945 una dozzina di malviventi provenienti da Palma di Montechiaro (dediti notoriamente a rapine, sequestri di persone, assalto a treni e autocarri) avevano deciso di prendere di mira la fattoria "Specchio" dei fratelli Buggera a Favara. Avevano saputo che in cassa quel giorno c'erano i proventi della vendita dell'uva. Ma se fosse stato possibile volevano anche sequestrare gli stessi fratelli Buggera, anche se l'impresa non era delle più semplici. Si appartarono in contrada Guardiola Nova, soprastante la fattoria. Ma non sapevano che quella zona da qualche tempo era attentamente controllata da un nucleo di carabinieri. La banda aveva lasciato sulla sommità della collina il loro miglior tiratore. L'appuntato Calogero Cicero e il carabiniere Fedele De Francisca durante un'ispezione lo sorpresero appostato dietro a una grossa pietra. Ne seguì uno scontro a fuoco. Il resto della banda accorse e alcuni cominciarono a sparare. Cicero venne colpito al fianco sinistro e alla coscia. De Francisca, che intanto si era spostato verso un vicino fabbricato, venne colpito a bruciapelo da diversi colpi di arma da fuoco. Pur ferito e sanguinante affrontò a viso aperto i malviventi che ormai gli erano addosso. Venne straziato da due colpi di baionetta. I due carabinieri dovettero soccombere al maggior numero dei malfattori che li circondavano. Inutilmente la polizia giudiziaria cercò di trovare gli assassini. Tutti i fermati vennero rilasciati perché non si trovarono prove a loro carico. Ai funerali dei due carabinieri parteciparono 10 mila persone, profondamente commosse per il sacrificio di quei due giovani servitori dello Stato. Calogero Cicero era nato a Cerda, il 26 marzo del 1905, e solo da quattro mesi si era trasferito a Favara con la moglie Maria Attilia Cardaci. Fedele De Francisca era nato a Villarosa, l'11 febbraio del 1911, si trovava a Favara dalla fine del 1943. Aveva da poco sposato Psaila Rosalia, di Gela. Quando il marito morì era incinta.

ANTONIO GUARISCO - MASINA PERRICONE
Comunista, candidato sindaco. Burgio: 3 marzo 1946. Resta ferito
Casalinga. Burgio: 3 marzo 1946. Aveva 33 anni.

La vita di Antonio Guarisco non è stata semplice. Sin da giovane abbracciò la causa anarchica, così con l'avvento del fascismo spesso veniva arrestato. Subito dopo la fine della seconda guerra mondiale prese la tessera del partito comunista. Alle prime elezioni venne candidato a sindaco di Burgio. Il 3 marzo del 1946, verso sera, in via Santi, i killer lo attesero al varco e gli spararono. Guarisco restò ferito, al suo posto morì Perricone Masina, una donna di Burgio in attesa di un figlio, centrata da un proiettile vagante. Guarisco non si lasciò intimidire, fece una aguerrita campagna elettorale e si presentava ai comizi con le braccia bendate per le ferite riportate. Venne eletto, ma portò a lungo i segni di quell'intolleranza. Il nome di Masina Perricone non risulta negli albi ufficiali delle vittime di mafia della Regione. È rimasto per anni sepolto da un errore di superficialità e distrazione. Il dattilografo (o chi per lui), nel trascriverlo, ha fatto più di una confusione e invece di indicarla come vittima dell'agguato a Guarisco l'ha inclusa nello spazio riservato ad Antonio Guarino, sindaco di Favara, ucciso due settimane dopo. Inoltre l'ha menzionata con il cognome del marito (Vincenzo Spinelli) e non con il suo (Perricone) e infine ha storpiato Masina con Marina. Antonio Guarisco era nato il 14 marzo del 1886, fu sindaco di Burgio dal 1946 al 1948. Morirà nel maggio del 1970 all'età di 84 anni.

GAETANO GUARINO
Sindaco. Favara: 16 marzo 1946. Aveva 44 anni.

Negli anni dell'immediato dopoguerra a Favara la vita sembrava riprendere con la secolare lentezza, trascinando con sé i problemi di sempre. Furti, abigeati, sequestri di persona (Giglia, Vita, Fanara), occupazione delle terre, angherie varie erano all'ordine del giorno. È in questo difficile contesto che maturò l'assassinio del giovane sindaco del paese Gaetano Guarino.
La sera del 16 marzo 1946 la seduta del consiglio comunale si era da poco conclusa. Guarino come sempre l'aveva seguita sin dal primo minuto e stava ritornando a casa piuttosto turbato dalle solite questioni, liti, scontri che da tempo ormai caratterizzavano l'attività politica locale. Si trovava in corso Vittorio Emanuele con due amici e giunto all'angolo col vicolo Musica si era fermato a discutere con altre tre persone che proprio lì aveva incontrato. Alle 20.30 quando l'illuminazione pubblica venne spenta, un tale, approfittando dell'oscurità si avvicinò a Guarino ed estratta la rivoltella sparò colpendo il sindaco alla nuca. Guarino colpito a morte, stramazzò a terra. Tra gli stessi accompagnatori, rimasti illesi, vi fu chi in preda alla paura si diede immediatamente alla fuga e chi prontamente cercò di organizzare i soccorsi. Fu tutto vano. Il sindaco morì poco dopo e nessuno seppe dare agli investigatori indicazioni utili per individuare l'assassino. Alcuni dissero che in quel momento davano le spalle all'assassino, altri che il buio era troppo fitto. Dal giorno dopo le voci popolari che indicavano ora uno ora un altro come mandante o come sicario si rincorsero per settimane. Molti furono indiziati, da Agrigento giunse il commissario Cataldo Tandoj che seguì subito la pista politica. Per questo le indagini in un primo momento riguardarono gli avversari di Guarino.
Gaetano Guarino era nato a Favara il 16 gennaio 1902 da Salvatore e

Lucia Magro Dulcetta, si sposò nel 1929 con Miceli Vincenza. Insieme decisero di prendere in adozione un figlio. Dopo la prematura scomparsa del padre era stato assunto dal Comune di Favara con la qualifica di commesso. Nel 1923 si iscrisse alla Facoltà di Farmacia a Palermo. Nel 1928 conseguì la laurea. Sin da giovane aderì al partito socialista, negli anni universitari s'impegnò soprattutto nelle prime lotte politiche che ebbero come conseguenza vari interventi della polizia. La sua abitazione venne perquisita più volte e Guarino ammonito per infrazioni alle leggi di pubblica sicurezza. Successivamente, per necessità a quanto sembra, si avvicinò (seppure solo formalmente) al partito fascista di Favara. Caduto il regime si costituì il comitato di liberazione nazionale. Gaetano Guarino venne chiamato a farne parte per rappresentare il partito socialista. Il comitato nell'autunno del 1944 doveva prendere una difficile decisione: indicare al prefetto di Agrigento il sindaco di Favara. La scelta cadde sul giovane farmacista Guarino. In quegli anni la vita quotidiana dei favaresi era sostanzialmente identica a quella di tutti i paesi poveri della Sicilia appena usciti dal dramma della guerra e piombati nell'angoscia della fame. A Favara operava in particolare una cosca mafiosa denominata *"Cudi Chiatti"*, ad essa ci si rivolgeva persino per recuperare la salma di una signora che era stata sottratta a scopo di ricatto. Il giovane sindaco faceva quello che poteva per aiutare le tante povere famiglie in condizioni di grave bisogno. Provava a evitare che la delinquenza dilagasse. Costituì le cucine economiche e prese provvedimenti per i più poveri. Ripristinò l'illuminazione pubblica nelle principali vie del paese, prese anche seri provvedimenti per l'approvvigionamento idrico. Intervenne perché fossero aumentati i salari ai minatori, considerato che in quei mesi erano cresciuti i prezzi dei generi di prima necessità. Costituì una cooperativa agricola per aiutare i contadini a prendere in affitto le terre senza la necessità di rivolgersi a intermediari mafiosi. Ma intanto gravi dissidi turbavano la stessa giunta comunale. Inquietanti episodi innescarono una strategia della tensione che aveva come opposti protagonisti i democristiani e i social-comunisti. L'amministrazione locale entrò in crisi, Guarino dovette dimettersi e si resero necessarie le prime elezioni politiche comunali alle quali non parteciparono solo i partiti politici, ma anche le cosche mafiose locali e i diversi baroni che con le loro potenti famiglie sostenevano importanti interessi. Guarino era il candidato della coalizione dei partiti della sinistra, che si denominava "Blocco del popolo". Per tutta la campagna elettorale subì molte intimidazioni di chiara matrice mafiosa. Il "Blocco del popolo" vinse le elezioni ottenendo la maggioranza assoluta, Guarino riprese il comando dell'amministrazione comunale. Una delle prime delicate scelte riguardò la distribuzione regolare tra le famiglie davvero bisognose degli aiuti che arrivavano dall'U.N.R.R.A. (Amministrazione delle Nazioni Unite per l'Assistenza e la Ricostruzione) che offriva assistenza immediata, fornendo cibo, carburante, vestiario, medicine. I magazzini del Comune erano già pieni. Pochi giorni prima dell'assassinio in uno di questi depositi avvenne un clamoroso furto e a Guarino, che manifestò di avere precisi sospetti, venne detto chiaramente di mantenere il silenzio sulla faccenda o avrebbe dovuto temere per la vita. Ma Guarino era deciso a sporgere denunzia, cosa che però non poté avvenire. Venne ucciso. Le prime indagini sull'omicidio presero di mira i nemici politici del giovane sindaco, che potevano trovarsi persino nella stessa maggioranza del consiglio comunale. L'inquinamento mafioso nella vita politica di Favara già allora era assolutamente trasversale. L'omicidio di Guarino maturò certamente nell'ambito della lotta per il potere tra gruppi che si servivano di pratiche criminali di stampo mafioso per condizionare l'assetto politico ed economico dell'entroterra agrigentino. Favara, pertanto, anche a causa di quell'efferato delitto si confermò, anche nei primi anni del dopoguerra, come centro d'irradiazione del fenomeno mafioso.

PINO CAMILLERI
Sindaco. Naro: 28 maggio 1946. Aveva 28 anni.

Tra i primi e inquietanti delitti di mafia durante l'immediato dopoguerra, va ricordato quello verificatosi a Naro e che colpì il sindaco socialista di una cittadina che stava cominciando a compiere i primi passi per il proprio riscatto economico e sociale grazie al movimento contadino protagonista di questa fase storica.
Ma anche la mafia locale stava rialzando la testa. Subito dopo la fine del conflitto diverse indagini davano per sicuro il ricostituirsi di nuove cosche mafiose che avevano avviato una spirale di violenza e trovava riparo nel clima di paura che governava la vita politica e sociale dell'entroterra agrigentino.
Anche a Naro, nel periodo immediatamente successivo alla fine del secondo conflitto mondiale, furono frequenti le contese tra gabellotti e contadini. Spesso tali scontri coinvolgevano interi nuclei familiari, innescavano inevitabilmente assurde faide che potevano durare anche decenni. Molti innocenti divennero bersaglio di vendette trasversali. È in questo contesto che bisogna inserire la breve e tragica storia di Pino

Camilleri.
Esponente del partito socialista, Camilleri era nato il 20 giugno del 1918. Giovane universitario, ormai prossimo alla laurea in giurisprudenza, aveva abbracciato la causa di quel movimento sindacale e politico che a Naro aveva mosso i primi passi con i movimenti dei fasci siciliani e le numerose cooperative e casse rurali. Era sorta una rete di solidarismo sociale che improvvisamente si eclissò negli anni del fascismo, per riapparire con la ripresa della vita democratica.
Pino Camilleri si distinse per la salda preparazione e per le sue coraggiose battaglie. Il suo partito lo portò a conquistare la poltrona di sindaco nelle prime elezioni amministrative del dopoguerra. Il 25 agosto del 1945 su richiesta del Comitato di liberazione di Naro ebbe trasformato l'incarico di sindaco in quello di commissario prefettizio. Era divenuto cioè un vero "capo popolo" e molto probabilmente sarebbe stato candidato alle elezioni politiche per l'Assemblea Costituente.
In questo frangente però accadde anche che suo fratello Calogero aveva ottenuto in affitto un feudo a Naro. Alla sua porta bussarono alcuni braccianti, mandati direttamente da una famiglia mafiosa, con l'intento di essere assunti nel feudo. Calogero Camilleri respinse quelle imposizioni e le minacce che erano seguite. Entrò, inevitabilmente, in contrasto con la mafia locale. Anche il sindaco divenne un bersaglio.
Il 28 giugno 1946 Pino Camilleri venne trovato assassinato con alcuni colpi di lupara. Gli tesero un agguato mentre si recava a cavallo da Riesi al feudo di Deliella (che era oggetto di un'aspra contesa tra contadini e gabellotti). Le indagini seguirono sia la pista della vendetta trasversale, che quella del delitto politico. In entrambi i casi comunque era certo che i mandanti fossero stati i capi mafia delle cosche locali.

CARMELO LENTINI
Poliziotto. Strage Portella della Paglia: 1 marzo 1948. Aveva 23 anni.

Nacque ad Agrigento nel 1926, figlio di Antonio e Maria Torregrossa. Era un agente di pubblica sicurezza. Morì nell'estate del 1949, un anno dopo la strage di Portella della Ginestra. Il bandito Turiddu Giuliano non era ancora stato assicurato alla giustizia e per la sua cattura in vari centri della Sicilia occidentale erano stati organizzati speciali reparti. Uno di questi si trovava a San Giuseppe Jato.
La guardia di pubblica sicurezza Carmelo Lentini, agrigentino di 23 anni, da poco tempo aveva lasciato la sua provincia ed era in forza al Nucleo Mobile. Notte e giorno Carmelo Lentini, con gli altri suoi giovani

colleghi, andava su e giù per le montagne su una camionetta in cerca del famigerato bandito di Montelepre. Le forze dell'ordine sapevano che i malviventi conoscevano molto meglio di loro ogni sentiero e che potevano contare su aiuti e protezioni anche insospettabili. Per i banditi sbarazzarsi di quel reparto di Ps significava dare un segnale forte del loro pieno controllo del territorio.

Nel pomeriggio del due luglio del 1949 giunse un ordine del giorno che riguardava Carmelo Lentini e il suo reparto: erano attesi con urgenza a Palermo per una riunione di servizio. Così verso le 20,30, salirono a bordo di una camionetta Fiat 1100 il commissario Mariano Lando, 35 anni, e le guardie Carmelo Gucciardo, 24 anni, autista, Carmelo Agnone, 28 anni, Carmelo Lentini, 23 anni, Michele Marinaro, 26 anni, Candeloro Catanese, 29 anni, Quinto Reda, 27 anni e Giovanni Biundo, 22 anni. Partirono alla volta di Palermo, per recarsi in Questura. Avevano fatto spesso quella strada e sapevano di entrare nella tana del leone. La vigilanza doveva essere altissima. Avrebbero viaggiato solo per poco tempo con la luce di quel caldo sole d'estate, poi sarebbero stati inghiottiti dalle buie e solitarie strade di montagna. Pochi chilometri dopo aver lasciato San Giuseppe Jato, quando la camionetta con a bordo quei giovani in divisa giunse in località Portella della Paglia, in un punto dove il veicolo doveva necessariamente rallentare scattò l'agguato. Una decina di fuorilegge aprirono il fuoco con raffiche di mitra. Lanciarono anche alcune bombe a mano. Fu un inferno di pallottole ed esplosioni. Le prime raffiche falciarono proprio Lentini, Reda e Agnone che morirono all'istante. Gli altri poliziotti, miracolosamente incolumi, dopo che Gucciardo fermò la camionetta, si precipitarono fuori e risposero al fuoco riparandosi dietro il veicolo già crivellato da decine di colpi.

Circa mezz'ora di fuoco senza tregua, mentre i banditi cercavano di coprirsi vicendevolmente per accerchiare la camionetta e colpire a morte i poliziotti ancora vivi. Ma quelli continuarono a difendersi strenuamente e quando i banditi cominciarono a desistere riuscirono persino a metterli in fuga. Non appena le armi tacquero, fu possibile avvisare la centrale per chiamare i soccorsi.

Quando arrivarono trovarono sul terreno tre morti Carmelo Lentini, Quinto Reda, Carmelo Agnone e quattro feriti: Carmelo Gucciardo e Giovanni Biundo in modo serio, ma non mortale, mentre Michele Marinaro e Candeloro Catanese erano in evidente pericolo di vita. Marinaro cessò di vivere poco dopo, Catanese si spense il 4 luglio, dopo due giorni di agonia. Il giorno dopo l'agguato, durante il sopralluogo, furono rinvenuti centinaia di bossoli e bombe a mano inesplose che avrebbero potuto uccidere tutta la squadra.

NINNI DAMANTI - CATALDO TANDOJ

Studente. Agrigento: 30 marzo 1960. Aveva 20 anni.
Commissario di Polizia. Agrigento 30 marzo 1960. Aveva 47 anni

La sera del 30 marzo, precisamente alle 19.45 il commissario Cataldo Tandoj era in fondo al viale della Vittoria di Agrigento (al numero civico 115) assieme alla moglie. Stava rincasando ed era in procinto di essere trasferito alla Questura di Roma dopo essere stato per tanti anni capo della squadra mobile di Agrigento. È probabile che con la sua giovane e bella consorte stava organizzando il trasferimento. Come di consueto a quell'ora il lungo viale alberato era frequentato da giovani che si contendevano le poche panchine o passeggiavano. Discutevano delle solite preoccupazioni dei ragazzi: la scuola, il campionato, l'amore, le feste, ecc. Immaginiamo che in qualcuno di questi argomenti fosse impegnato lo studente empedoclino Ninni Damanti quando avvenne la tragedia. Il commissario Tandoj era a braccetto con la moglie Leila Motta, due uomini gli si avvicinarono e scaricarono sei colpi di pistola. La moglie si salvò miracolosamente. Una pallottola vagante, però, troncò la conversazione del povero Ninni che stava nei pressi. Cadde ucciso tra le braccia degli amici con cui si era fermato a parlare.

Già pochi giorni dopo quell'atroce delitto nessuno pensò più al giovane studente, se non la sua infelice madre e i compagni di scuola. L'attenzione della città si volse soprattutto alle chiacchiere che fecero da cornice a quello che in un primo momento venne interpretato come un delitto passionale. Il 18 maggio venne emesso un mandato di cattura nei confronti della moglie di Tandoj e del professor Mario La Loggia, medico psichiatra, direttore dell'ospedale psichiatrico di Agrigento, fratello del presidente della Regione siciliana Giuseppe La Loggia e nella città dei Templi uomo di punta della Democrazia Cristiana. Entrambi vennero indicati mandanti dell'assassinio perché ritenuti amanti e quindi interessati alla eliminazione del terzo incomodo per vivere in pace la loro *love story*. Gli arresti destarono una enorme sensazione non solo ad Agrigento, ma in tutta Italia. Queste vicende vennero seguite da tutti i rotocalchi nazionali.

Dopo sette mesi di prigionia al carcere di San Vito di Agrigento, i presunti mandanti vennero rimessi in libertà e prosciolti da ogni accusa perché l'impianto accusatorio sembrò essere solo una clamorosa montatura, forse, orchestrata per fini politici. Il caso venne archiviato come duplice assassinio a opera di ignoti. Ma c'era una madre che non si dava pace e voleva giustizia per il suo povero Ninni. Le sue richieste insistenti e ferme convinsero il giudice istruttore della Corte d'Appello di Palermo,

Giuseppe Fici, a riaprire l'inchiesta a tre anni dal delitto. Il magistrato partì dalle indagini condotte da Tandoj sull'assassinio di Accursio Miraglia, il segretario della Camera del Lavoro di Sciacca trucidato dai sicari degli agrari perchè lottava per difendere i diritti dei contadini al tempo delle lotte per la terra. Seguendo altre indagini del commissario contro il fronte mafioso, Fici si convinse che Tandoj era morto per il suo impegno contro i capi delle cosche. Riuscì a comporre un mosaico grazie al quale comprese che il delitto era maturato a Raffadali, dove era scoppiata una guerra tra bande. Raccolse confidenze e prove. I responsabili vennero individuati nella cosca mafiosa su cui Tandoj indagava e della quale aveva cominciato a conoscerne i segreti grazie alle confidenze di un tale Cuffaro. Al processo vennero riconosciuti colpevoli e condannati all'ergastolo i boss Luigi e Santo Librici (ritenuti mandanti) e Giuseppe Baeri che fu accusato di avere sparato contro il commissario. Al processo di appello, celebratosi a Lecce, il pubblico ministero ricostruì l'agguato in aula: Santo Librici diede ordine a Luigi Librici di seguire i movimenti del commissario. Lo stesso giorno quando il momento parve opportuno, Giuseppe Baeri venne accompagnato da Santo Librici al viale della Vittoria e quest'ultimo - secondo la ricostruzione del pm - quando vide il commissario con la moglie diede l'arma al Baeri e gli disse: *"Eccolo, vai e sparacci"*.

CALOGERO VACCARO
Carabiniere. Strage Ciaculli (Palermo) 30 giugno 1963. Aveva 44 anni.

Il 12 ottobre 1957 a Palermo all'Hotel delle Palme ebbe luogo un meeting a cui prese parte il fior fiore del vertice mafioso americano e siciliano.
Tra loro avevano un ruolo importante i fratelli Michele e Salvatore Greco (noti come il "Papa" e il "Senatore", figli del vecchio patriarca Giuseppe) che controllavano il territorio di Villabate. Luciano Liggio di Corleone non era più uno sconosciuto.
In quel summit cominciò a concretizzarsi una nuova strategia d'affari mafiosi che avrebbe orientato alcune cosche verso il traffico degli stupefacenti.
Naturalmente la mafia avrebbe continuato i tradizionali affari parassitari (per esempio il racket), ma nello stesso tempo, grazie all'interesse verso gli stupefacenti poteva fare un salto di qualità. Attraverso fiduciari e prestanome si tentò di trasformare le cosche in imprese per il riciclaggio di denaro sporco, che da allora sarebbe arrivato oltre che da settori

ormai consolidati come l'edilizia anche dallo spaccio della droga. Questo contesto è decisivo per comprendere la metamorfosi della mafia negli anni Sessanta, quando "la Piovra" cambia decisamente pelle rispetto agli anni precedenti. La nuova mafia si era trasformata in un ceto politico-imprenditoriale-burocratico e le nuove "famiglie" in quei primi anni Sessanta si spartirono il territorio di Palermo e di vaste zone dell'Isola.

La gara tra le famiglie per assicurarsi gli affari maggiori e significative quote di business, soprattutto nel settore dell'edilizia e della droga, condusse a una vera e propria guerra. Negli anni tra il 1962 ed il 1963 a Palermo era in corso la prima faida che vide contrapposti da una parte i clan di Luciano Liggio (con Leoluca Bagarella, Totò Riina, Bernardo Provenzano) e i Greco che non intendevano accontentarsi soltanto del contrabbando, e dall'altra il clan dei La Barbera in lotta per la supremazia nel settore del traffico della droga e il controllo del racket delle speculazioni sulle aree edificabili di Palermo. In pochi mesi furono decine i morti. Per eliminare i rivali si fece, addirittura, ricorso all'uso delle autobomba.

La miccia esplose il 17 gennaio 1963. Salvatore Greco attirò in una trappola Salvatore La Barbera, lo sequestrò e lo uccise dopo poco tempo. Il clan dei La Barbera rispose un mese dopo: il 17 febbraio una Fiat 1100 esplose davanti la casa di Salvatore Greco, in località Ciaculli. Ma il boss era assente e sopravvisse. Ne seguì ancora un'aspra guerra tra bande che il 30 giugno 1963 investì anche le forze dell'ordine.

Il maresciallo capo dei carabinieri Calogero Vaccaro, nato a Naro nel 1919, era a Roccella per indagare sulla guerra di mafia tra i clan Greco e Liggio. Trovò la morte in quella che è passata alla storia come la strage di Ciaculli.

Poco prima dell'alba del 30 giugno, a Villabate, in corso Vittorio Emanuele, un'Alfa Romeo Giulietta esplose dinanzi a un'autorimessa di proprietà di Giovanni Di Pieri, un parente della famiglia Greco, uccidendo il guardiano Pietro Cannizzaro e un passante, Giuseppe Castello. Poche ore dopo, esattamente alle 11,30, ai carabinieri della Tenenza di Roccella giunse una telefonata che avverte della presenza nel Fondo Sirena, una località tra Villabate e Ciaculli, di una "Giulietta" sospetta.

Quando il comandante della stazione dei carabinieri, tre militari ed agenti di polizia arrivarono sul posto notarono una Giulietta con uno dei pneumatici forati, gli sportelli aperti e, sul sedile posteriore della vettura, una bombola di gas liquido collegata a una miccia lunga una ventina di metri. Alle quattro del pomeriggio i militari della direzione di artiglieria di Palermo disinnescarono la bomba. Con loro al momento dell'intervento si trovava anche Silvio Corrao, uno dei più brillanti investigatori della squadra mobile di Palermo. Il maresciallo dell'Esercito Pasquale Nuccio e il soldato Giorgio Ciaccio dopo circa un'ora avevano reso innocuo l'ordigno. Quando il pericolo sembrò sventato si procedette a un ulteriore controllo dell'auto. Venne aperto lo sportello del bagagliaio e si scoprì che c'era una seconda bomba, molto più potente della prima. Esplose, dilaniando il maresciallo di polizia Silvio Corrao, il maresciallo dell'esercito Pasquale Nuccio, il soldato Giorgio Ciacci, il tenente dei carabinieri Mario Malausa, il maresciallo dell'Arma Calogero Vaccaro e i carabinieri Eugenio Altomare e Marino Fardella.

Dopo questo atroce delitto la Chiesa isolana cominciò ad occuparsi (malvolentieri) di questioni di mafia. Accadde improvvisamente che dal Vaticano venne chiesto, seppur con garbo fraterno, conto e ragione di tanto silenzio.

Il giorno dopo la strage di Ciaculli tra i pastori delle anime si levò solo la voce di protesta di Pietro Valdo Vaniscia della Chiesa evangelica Valdese che diffuse un manifesto di condanna dei gravi fatti di sangue.

Il giorno dopo il cardinale Angelo Dell'Acqua della segreteria di Stato del Vaticano scrisse una lettera al cardinale di Palermo Ernesto Ruffini segnalando l'iniziativa dei Valdesi e invitandolo a promuovere "una azione positiva e sistematica per dissociare la mentalità della cosidetta mafia da quella religiosa e per confortare questa a una più coerente osservanza dei buoni principi cristiani, con il triplice scopo di elevare il sentimento civile della buona popolazione siciliana, di pacificare gli animi e di prevenire nuovi attentati alla vita umana. Per tutta risposta il cardinale Ruffini in prima battuta avviò una filippica contro i calunniatori della Sicilia e contro tutti coloro che accusavano la Democrazia Cristiana di essere appoggiata dalla mafia. Non contento mesi dopo scrisse una lettera pastorale "Il vero volto della Sicilia" in difesa della sicilianità e dei siciliani contro "una grave congiura organizzata per disonorare la Sicilia".

ANNALISA ANGOTTI E CARMELA MILAZZO
Scolara. Siculiana.10 agosto 1976. Aveva 4 anni.
Casalinga. Siculiana: 10 agosto 1976. Aveva 36 anni.

Nell'estate del 1976 Siculiana venne svegliata da un boato. Per una vendetta covata - si disse - nei confronti di un emigrato inteso

"Barano", appena rientrato dalla Germania, venne fatta saltare in aria la sua auto. Erano circa le due della notte, la Ford 2000 con targa tedesca, era posteggiata davanti all'abitazione presa in affitto dalla famiglia Angotti, turisti nisseni che trascorrevano le giornate nelle spiagge di Giallonardo e Siculiana Marina. Il boato fu grande, il quartiere tremò illuminandosi a giorno con altissime lingue di fuoco. La deflagrazione aveva sfondato la porta d'ingresso degli Angotti, portandosi dietro pezzi di automobile e anche le fiamme che in un baleno trasformarono quell'abitazione in un inferno. Dentro in quel momento, oltre ad Ugo Angotti, c'erano la moglie Carmela e i figli Annalisa di quattro anni, Franco di 16 anni, Raffaella di 13 anni e Renato di nove. I due genitori svegliati di soprassalto ebbero appena il tempo di intuire il pericolo, prendere i figli per mano e cercare di conquistare disperatamente l'uscita. Ci riuscì con difficoltà l'uomo che portò in salvo tre dei quattro figli. Meno fortuna ebbe la signora. Per la verità era riuscita a prendere per mano la piccola Annalisa, ma la piccina a un certo punto, mentre attraversava una lingua di fuoco inciampò. Cadendo perse la presa con la madre che dovette tornare indietro per riprendersi la figlioletta. Un gesto eroico che risultò vano: entrambe morirono all'ospedale di Palermo dove, invece, trovarono la salvezza Ugo Angotti, gli altri figli e tre vicini di casa (Mario Bruno, la moglie Virginia Arnone e la nipotina Giuseppina Novara di 11 anni) investiti dall'esplosione in maniera meno violenta.

VINCENZO MULÈ - MARIANO VIRONE
DOMENICO FRANCAVILLA

Alunno. Cattolica: 9 febbraio 1981. Aveva 16 anni.
Bracciante. Cattolica: 9 febbraio 1981. Aveva 46 anni.
Bracciante. Cattolica: 9 febbraio 1981. Aveva 31 anni.

Nella tarda serata del 9 febbraio del 1981 ad Alessandria della Rocca, in prossimità del fiume Platani vennero ritrovati i corpi senza vita di Terrasi Liborio, Francavilla Domenico, Mulè Vincenzo e Virone Mariano di Raffadali. Erano stati freddati da numerosi colpi di fucile e di pistola, mentre stavano attraversando il fiume per tornare in paese dopo una giornata di lavoro. La stessa notte venne ritrovata a Cianciana, sul ponte Mavaro una Fiat 128, quasi interamente bruciata. La vettura era stata rubata a Palermo.

Le indagini dei carabinieri di Cammarata, inizialmente indirizzate verso la mafia dei pascoli, non approdavano ad alcun risultato degno di rilievo. Le uniche informazioni di un qualche interesse investigativo riguardavano solo una delle vittime, Terrasi Liborio, già sottoposto a misura di prevenzione personale, ritenuto il capomafia di Cattolica Eraclea.

Le altre vittime non avevano precedenti penali o giudiziari di rilievo. Virone e Francavilla (sposato con tre figli) risultavano collegati nell'esercizio della pastorizia con il Terrasi: avevano in comune un gregge di pecore. Mulè Vincenzo che all'epoca dei fatti era poco più che un adolescente, non aveva particolari rapporti con le altre vittime ma talvolta era solito farsi dare un passaggio sul trattore del Terrasi. Le indagini, comunque, non raggiunsero alcun risultato di rilievo e il procedimento aperto a carico di ignoti, venne archiviato il 20 aprile del 1984. Solo dopo diversi anni grazie alla collaborazione di Giovanni Brusca con l'autorità giudiziaria, il procedimento è stato riaperto permettendo di rinviare a giudizio, oltre al Brusca, reo confesso del quadruplice omicidio, anche Salvatore Riina, ritenuto il mandante degli omicidi. Brusca, sentito al pubblico dibattimento, ha confermato l'ampia confessione resa durante la fase delle indagini preliminari e le chiamate in correità.

IMPUTATO Brusca Giovanni: *(...) Dunque un giorno dopo una riunione, che è venuto Carmelo Colletti a San Giuseppe Jato, incontrandosi con Salvatore Riina e mio padre. Dopodiché mi dissero di recarmi a Ribera per mettermi a disposizione di Carmelino Colletti. Dovevamo commettere uno, due... Perché veramente eravamo andati là per commettere diversi fatti criminosi. E allora ci siamo recati a Ribera nella concessionaria FIAT. Carmelo Colletti, dopo averci salutato e cose varie, che arrivammo nel tardo pomeriggio, ci accompagnò nella zona di Raffadali da una persona che poi con il tempo ho saputo che si chiamava Lillo, era Calogero Lauria. Lì abbiamo trovato, oltre a questo, pure delle persone palermitane che non facevano parte di Cosa nostra, però erano vicino a Carmelino Colletti, che l'adoperava per fare commettere omicidi a Ribera e dintorni. Dopodiché eravamo là a disposizione di questo Calogero Lauria, ad un dato punto ci porta in una casa di campagna, c'era una macchina rubata, armi. Ci attrezziamo e, dopo avere fatto il punto della situazione, dovevamo colpire non so se fratelli, o cugini, tali Vella. Abbiamo fatto dei tentativi andati a vuoto, perché non avevamo, come si suol dire, la battuta precisa. Dopodiché abbiamo aspettato pure qualche altro giorno, si doveva commettere un altro fatto e non si andava in porto. A un dato punto questo Lauria ci indica, dice: "Ci sono altre persone, questi qua hanno l'abitudine* *di camminare su un trattore. Tutti quelli che sono su questo trattore li eliminate tutti, che non ci sono problemi, sono tutti parenti, tutti responsabili". Ci indicò il posto, ci guidò, perché io in quella zona ci sono andato solo quella volta, quindi non so chiamarla. Eravamo vicino a un fiume, o torrente, comunque zona di campagna. E ci dice: "Passa solo questo trattore a tale ora, non ci sono problemi, potete fare quello che dovete fare". Al che ci siamo messi lì ad aspettare, abbiamo atteso un quarto d'ora, venti minuti, il tempo che queste persone passassero. Appena questi con il trattore hanno attraversato il fiume, noi eravamo a bordo di una Fiat 128 di colore bianco, io e un certo Tanuzzo - poi scomparso per lupara bianca - era alla guida della macchina, a bordo di questa 128. Appena abbiamo avvistato il trattore, che ha attraversato il fiume, siamo scesi e subito ci siamo andati incontro. Abbiamo cominciato a sparare. Erano tre, quattro le persone sul trattore e li abbiamo eliminati tutti senza, però, che sapessimo chi erano, chi non erano. Non sapevamo nulla. Dopodiché il trattore si è fermato, si è messo su una scarpata, si è messo un po' di traverso, che si spaventavano pure che si stava ribaltando, c'erano queste persone. Poi io ho sparato con il fucile, altri con la pistola. Abbiamo completato l'operazione e ce ne siamo tornati a San Giuseppe Jato.*

MICHELE CIMINNISI - VINCENZO ROMANO

Impiegato. S. Giovanni Gemini: 29 settembre 1981. Aveva 43 anni.
Autista. S. Giovanni Gemini: 29 settembre 1981. Aveva 55 anni.

Trenta secondi, non di più. Poco dopo le sette di sera di una consueta giornata autunnale, a San Giovanni Gemini in quei trenta secondi maledetti, di quel piovoso martedì 29 settembre, sobbalzò la vita tranquilla del centro montano.

Un paese tranquillo San Giovanni, dove pure il chiacchierato e presunto mafioso Calogero Pizzuto poteva prendersi il lusso di giocare a carte al bar con le spalle che danno all'ingresso, pensando di non avere proprio nulla da temere perché si considerava il capo della consorteria mafiosa della zona montana. E lo era davvero come anche nei giorni scorsi ha ribadito il collaboratore di giustizia Antonino Giuffrè sottolineando il ruolo di Pizzuto all'interno del mandamento di Castronovo di Sicilia.

Non aveva paura Pizzuto, né temeva per la sua vita. Tanto meno dentro un locale, in un'ora dove almeno quindici, venti amici ogni giorno, pure nelle feste comandate, giocavano a briscola, a cinquecento, destreggiandosi tra "carichi", "lisci" e "scartine". E certamente ancora meno avevano da temere Michele Ciminnisi, impiegato comunale e Vincenzo Romano, autista di autobus in pensione. A loro, attorno a quel tavolino, vicino all'entrata del bar "Reina", si era unito da qualche minuto anche Calogero Sammartino, più giovane degli altri, avendo 35 anni. Pizzuto aveva sessant'anni, Michele Ciminnisi ne contava quarantatrè e Vincenzo Romano cinquantacinque. Pizzuto era originario di Villalba, ma dopo il matrimonio si era trasferito a San Giovanni Gemini, dove viveva oltre che con la moglie anche con una figlia. Michele Ciminnisi era sposato e il matrimonio era stato allietato dalla nascita di tre figli, Carmelo, Giuseppe e Massimo. Vincenzo Romano, anch'egli sposato, aveva un figlio, Salvo. Quattro storie diverse, una compagnia quasi casuale. Non erano neppure un quartetto fisso in quel bar, ma quel maledetto martedì in qualche modo si ritrovarono l'uno accanto all'altro, dentro lo spazio di un tavolino, a condividere un amaro destino di sangue e di morte. Pioveva ancora quando la persiana della porta d'ingresso si aprì, spinta da un giovane che si faceva largo mentre dava un fugace sguardo d'intesa a un complice. I due avanzarono decisi di un paio di passi e arrivarono giusto dietro Pizzuto che non li vide neppure perché se li ritrovò alle spalle. Non ebbero neppure bisogno di chiamarlo o di guardarlo in faccia. Erano lì, fermi dietro di lui. Gli piantarono le canne delle rivoltelle a pochi centimetri e insieme cominciarono a vomitargli piombo sulla nuca, sulle spalle, sul collo. Sei colpi almeno. La vittima non ebbe il tempo di una minima reazione. I proiettili colpirono e ferirono alla mano Calogero Sammartino che almeno ebbe salva la vita. Il fuoco mafioso, invece, raggiunse al cuore Vincenzo Romano e, allo stomaco, Michele Ciminnisi che si piegò sul tavolo e spirò. Vincenzo Romano, invece, cadde dalla sedia e anche se colpito e sanguinante si allungò lento sul pavimento. Vide i sicari fuggire, pensò di non essere al sicuro in quel bar. Si alzò per allontanarsi da quell'inferno guadagnando l'uscita. Si ritrovò all'aperto dove venne sorpreso dalla pioggia che continuava ancora a battere. Stremato e senza forze cadde sul marciapiede: il cuore si era fermato anche per lui. Gli assassini, intanto, erano gia in fuga. Una corsa di poche decine di metri dal bar sino alla stradina del Corso Crispi dove li aspettava col motore acceso una 125. La macchina venne trovata bruciata il giorno seguente, a 13 chilometri dal paese. I killer non sono stati ancora scoperti. I carabinieri ascoltarono tanti testimoni, ma dissero di non aver visto nulla. Tutti presi dallo spavento di quegli interminabili trenta secondi. Di sicuro c'era solo che avevano sparato contro Pizzuto e che sui due poveretti, Ciminnisi e Romano, erano arrivati dei colpi di rimbalzo. Ancora due vittime innocenti. Vittime per caso, vittime di mafia.

GIUSEPPE LALA - ANTONIO VALENTI
DOMENICO VECCHIO

Operaio. P. Empedocle: 8 maggio 1983. Aveva 55 anni.
Operaio. P. Empedocle: 8 maggio 1983. Aveva 38 anni.
Operaio. P. Empedocle: 8 maggio 1983. Aveva 26 anni.

Sabato otto maggio 1982, festa della mamma. Tre uomini, finito il loro turno di lavoro, si apprestano a lasciare l'impianto di produzione di calcestruzzo in cui lavorano per tornare ai loro affetti. Si chiamavano Giuseppe Lala, 55 anni, Antonio Valenti, 38 anni, Domenico Vecchio, il più giovane, di anni ne ha appena 26. Il loro programma viene, però, neutralizzato da un commando di spietati killer che, scambiandoli per i titolari dello stabilimento, aprono il fuoco uccidendoli.

Giuseppe Lala lasciò la moglie di 53 anni, e tre figli: Beatrice, 28 anni, Salvatore 26 anni - compagno di scuola di Domenico Vecchio - Rossana, di 18 anni. Antonio Valenti, lasciò invece, la moglie e un figlio in tenera età. Domenico Vecchio lasciò la giovanissima moglie di 23 anni all'ottavo mese di gravidanza. Domenico junior nascerà a luglio dello stesso tragico anno.

Per le famiglie delle tre vittime iniziò un estenuante calvario, furono costrette a fare salti mortali per vivere poiché, oltre a perdere l'affetto di mariti e padri, persero anche l'unica fonte di reddito. Salvatore Lala emigrò in Germania per mantenere la famiglia. Nel frattempo si sposò e, così, di famiglie ne doveva sostenere due. Le vedove Lala e Vecchio si rivolsero immediatamente ad un legale di fiducia, l'avvocato Enrico Quattrocchi. Chiesero il riconoscimento dello status di infortunio del lavoro per i loro congiunti. Fu difficile, l'Inail si oppose in ogni modo. Non c'erano precedenti.

Iniziò una lunghissima causa di lavoro che si concluse dopo sette anni di udienze e rinvii con una sentenza emanata dall'allora pretore di Agrigento, Vincenzo Faravino. Venne riconosciuto l'evento criminoso in cui caddero Giuseppe Lala e Domenico Vecchio (la famiglia di Antonio Valenti non fece causa) come diretta conseguenza del rapporto di lavoro poiché, recita un brano della sentenza datata 2 giugno 1989, *"la pericolosità dell'ambiente di lavoro per motivi di mafia è giusta causa di risarcimento"*. Grazie a questa innovativa sentenza, che ha costituito giurisprudenza in altri casi analoghi accaduti in Calabria e in Campania, le famiglie hanno ottenuto una rendita vitalizia a carico dell'Istituto nazionale contro gli infortuni sul lavoro.

Ma sono dovuti passare ben quindici anni perché le vittime del barbaro attentato dell'8 maggio 1982 fossero riconosciute dallo Stato quali

"Vittime innocenti della mafia", come si legge nella nota n. 88 - 118 Gab. del 23/07/1997 della Prefettura di Agrigento. In virtù di tale riconoscimento ufficiale, i figli di Giuseppe Lala, Domenico Vecchio ed Antonio Valenti e la moglie di quest'ultimo sono stati assunti presso uffici periferici della Regione Siciliana. Nel maggio del 2002, in occasione del ventesimo anniversario dell'eccidio, l'allora sindaco del Comune di Porto Empedocle, Paolo Ferrara, pose una lapide commemorativa in via Marconi, nella sede del Palazzo comunale.

L'ANTEFATTO. Si arriva alla strage del cantiere dei fratelli Traina con l'avvento al comando della cupola mafiosa di Agrigento di Carmelo Colletti, riberese e titolare di una concessionaria della Fiat. Un'ascesa ricostruita così nel libro Cosa Muta (Edizione Centro Pasolini-2002).

Il riberese Carmelo Colletti prende il posto di Giuseppe Settecasi, un uomo all'antica, cultore degli equilibri. Ebbe, forse, un solo grande torto: l'aver avuto grande stima di Colletti. Racconta Pasquale Salemi: «Lo aveva nel cuore». Così, quando a causa dell'età avanzata decise di mettersi in pensione, abdicò nei confronti del concessionario Fiat di Ribera creando non pochi risentimenti. Rivela Pasquale Salemi che fu anche il suo autista, Giuseppe Virone, a rimproverarlo: *«Zu Pè ma chi fici? La vipera l'avemu nella manica, quello a tutti ci fa ammazzare»*. Settecasi si irritò sostenendo invece che Colletti sarebbe stato un buon capo.

Ma quando sparì Carmelo Salemi di Agrigento si recò di fretta e furia a Ribera per chiedere spiegazioni. Colletti si mostrò disponibile al colloquio ma volle del tempo per indagare. «Tornate tra due giorni», disse. L'anziano boss ed il suo autista dovettero così far ritorno nella concessionaria ma anche questa volta non ci fu alcun chiarimento, Colletti li pregò di recarsi in un appezzamento di terreno ("u iardinu) e di aspettarlo lì. I due attesero un'ora, poi arrivò Colletti, ma solo per dire che la risposta al quesito sulla scomparsa di Salemi avrebbe potuto darla tale Terrasi di Cattolica Eraclea. Secondo Virone si trattava, invece, di una scusa e in quei sessanta minuti trascorsi nell'attesa Colletti aveva cercato dei killer per farli fuori. Proprio in quei giorni l'uomo d'onore di Ribera aveva stretto un profondo legame con Calogero Lauria, in quel periodo ricercato dai Fragapane di Santa Elisabetta che lo accusavano di aver fatto scomparire il fratello Francesco e poi ucciso il loro padre. In realtà erano stati proprio i Fragapane a rompere gli equilibri: mentre Lauria era in galera, venne ucciso Giuseppe Tuttolomondo (24 agosto 1976) freddato all'interno del cimitero di Ioppolo Giancaxio. Era figlio di Stefano potente capo della cosca di Raffadali, detto "Ciurlo", (ucciso il 9 febbraio del 1947) e cognato di Lauria che aveva sposato la sorella. Un affronto che avviò la vendetta. Prima sparì Francesco Fragapane, poi venne ucciso il padre Stefano (29 maggio 1978) e nell'agguato restò ferito il figlio Gerlando. Lauria era a capo di un gruppo di fuoco che si avvaleva anche di collaborazioni palermitane. Nativo di Naro, era un tipo molto sanguinario.

Colletti usò la sua *vis bellica* per imporsi sugli altri uomini d'onore e far passare la linea violenta dei corleonesi. Ebbe inizio una lunga catena di sangue. Così scomparve nel nulla Carmelo Salemi. Sarebbe toccato a Calogero Piparo (divenuto più famoso *post mortem* per essere stato proprietario della prima costruzione abusiva demolita nella Valle dei Templi, ex concessionaria della Mercedes) il compito di andarlo a prelevare a casa. Si racconta che i due ebbero una colluttazione e Salemi riuscì a graffiare la faccia di Piparo che il giorno dopo la scomparsa venne notato con delle striature sulle guance. Poi vennero uccisi Stefano Marrella, Liborio Terrasi e lo stesso Giuseppe Settecasi. Venne anche portata a compimento una strage allo stabilimento di calcestruzzo dei Traina dove persero la vita tre operai innocenti: Giuseppe Lala, Domenico Vecchio di Porto Empedocle e il favarese Antonio Valenti. Era accaduto che i Traina avevano aperto uno stabilimento di frantumazione di inerti a Cattolica, sul fiume Verdura. Questa ingerenza infastidì Pietro Marotta, uomo d'onore di Ribera, proprietario di un analogo impianto e cugino di Carmelo Colletti (figli di fratello e sorella) che decise di intervenire inviando sul posto il gruppo raffadalese di Lauria. I killer si appostarono dietro un silos carico di cemento in polvere e spararono non appena videro arrivare i tre malcapitati: morirono sul colpo e senza scampo per essersi trovati nel posto sbagliato nel momento sbagliato. Dopo un giorno di lavoro si stavano preparando a fare rientro a casa, invece li raggiunse una scarica di fuoco e pallettoni. Lala, Vecchio e Valenti, come tutte le vittime innocenti di mafia, sono stati poi uccisi dal silenzio e dimenticati. Per i loro familiari è stato un doppio dramma: difficile superare il dolore della perdita, ma molto più ardua l'impresa di doversi confrontare con un clima di sospetti investigativi che hanno immerso nel grigiore la strage e le sue vittime. Un contesto che ha posto sullo stesso piano "lupi e agnelli", e per lunghi anni alle famiglie delle vittime innocenti è mancato anche il sostegno dello Stato: sia morale che economico. Il figlio di Lala è dovuto emigrare in Germania per trovare lavoro, lo stesso ha fatto il primogenito di Domenico Vecchio: quando il suo petto venne attraversato dal piombo infuocato sparato dai killer, stava andando a casa dalla moglie incinta. Quel piccolo in grembo non ha mai conosciuto padre, né lo Stato lo ha fatto sentire meno solo. Soltanto quindici anni dopo gli è stato offerto un lavoro, una mano tesa, finalmente! È il 27 luglio del 1997, la prefettura di Agrigento firma il decreto che riconosce i tre operai vittime innocenti di mafia. Per le mogli ed i figli di Lala, Vecchio e Valenti finalmente è arrivata la giustizia.

SALVATORE BARTOLOTTA
Carabiniere. Palermo: Strage Chinnici, Palermo 29 luglio 1983. Aveva 48 anni.

Alle otto e cinque del 29 luglio 1983 Rocco Chinnici, capo dell'Ufficio istruzione di Palermo, scende dal terzo piano della sua abitazione in via Pipitone Federico, al numero civico 63. Chinnici aveva preso il posto di Cesare Terranova, al quale Cosa nostra non aveva nemmeno dato il tempo di insediarsi nell'ufficio uccidendolo preventivamente il 25 settembre '79. La giornata di Chinnici, il giudice più esposto del Tribunale di Palermo iniziava così: un saluto al portiere dello stabile, due agenti già in attesa sul marciapiede, l'autista alla guida dell'Alfetta blindata pronta a sgommare, due auto d'appoggio che a una ventina di metri di distanza chiudevano un paio di traverse. Quella mattina andò diversamente, erano le otto e dieci. Una devastante esplosione scuote violentemente l'intero isolato. Accadde qualcosa di inaudito. Una Fiat 126, apparentemente innocua, era stata imbottita di tritolo e fatta esplodere con un comando a distanza nel momento in cui Chinnici, per poter salire sulla blindata, era stato costretto a passarvi accanto. Fu l'inferno. Via Pipitone Federico diventa un cortile di Beirut. Tra le carcasse delle auto si distinguevano a fatica corpi senza vita, devastati dall'esplosione. Oltre a Rocco Chinnici c'erano Mario Trapassi, Salvatore Bartolotta e Stefano Li Sacchi. Nell'auto di servizio, l'autista Giovanni Paparcuri venne gravemente ferito, ma sopravvivrà. L'esplosione fu così devastante che ci furono decine di feriti, anche all'interno delle abitazioni. Tra loro anche due bambini. Morì anche il povero Stefano Li Sacchi, il portiere dello stabile. L'appuntato dei Carabinieri, Salvatore Bartolotta, morto nella strage di via Pipitone Federico, era nato a Castrofilippo il 3 marzo del 1935.
Salvatore Bartolotta, che con il giudice istruttore Chinnici aveva instaurato dei rapporti che andavano oltre il professionale, lavorava per il Nucleo Operativo dei carabinieri di Palermo, agli ordini del generale Antonio Subranni. Nella sua carriera era stato anche agente di scorta ad un altro illustre componente del pool di Chinnici, Paolo Borsellino. Anche con quest'ultimo e con la sua famiglia l'appuntato

aveva intessuto legami fraterni, forse per via della comune origine castrofilippese e per la passione per la caccia (entrambi si ripromettevano una battuta nella contrada castrofilippese di "Grotticelli", rinomata per le sue cavità rocciose, sedi predilette di lepri e conigli). L'appuntato Salvatore Bartolotta si era distinto particolarmente in varie operazioni. Quel tragico 29 luglio lasciò una moglie e cinque figli. Solo dopo 17 anni, otto processi falliti (calcolando primo e secondo grado e verdetti di Cassazione), depistaggi, false piste, piste vere abbandonate improvvisamente, si è finalmente giunti alla verità sull'attentato del 29 luglio del 1983.

Grazie alle indagini della polizia giudiziaria e dei pm Annamaria Palma e Antonino Di Matteo e alle ricostruzioni fornite in aula da collaboratori di giustizia, quali Brusca, Ganci, Anzelmo, Ferrante, Cancemi, Cucuzza, Di Carlo, Onorato (solo per citare alcuni nomi) si è potuto finalmente risalire ai nomi di tutti i mandanti esterni e interni e agli esecutori materiali dell'eccidio: i Madonia, i Brusca e i Ganci. In seguito al processo sono stati condannati all'ergastolo i boss Salvatore Riina, Bernardo Provenzano, Raffaele Ganci, Antonino Madonia, Salvatore Buscemi, Antonino Geraci, Bernardo Brusca, Giuseppe Calò, Stefano Ganci, Francesco Madonia, Salvatore e Giuseppe Montalto, Matteo Motisi, Giuseppe Farinella e Vincenzo Galatolo.

A Bartolotta è stata conferita la medaglia d'oro al valor civile con la seguente motivazione:

"In servizio di scorta al magistrato tenacemente impegnato nelle lotte contro la criminalità organizzata. Assolveva il proprio compito con alto senso del dovere e serena dedizione pur consapevole dei rischi personali connessi con la recrudescenza degli attentati contro i rappresentanti dell'ordine giudiziario e delle forze di Polizia. Barbaramente trucidato in un proditorio agguato tesogli con efferata ferocia sacrificava la vita a difesa dello Stato e delle Istituzioni". Palermo 29/07/83

È stata intitolata a lui la caserma dei carabinieri di Castrofilippo

GIUSEPPE MONTANA

Commissario di polizia. Porticello-S.Flavia: 28 luglio 1985. Aveva 34 anni.

Beppe Montana, commissario della squadra mobile di Palermo, venne ucciso dalla mafia il 28 luglio del 1985. Era nato ad Agrigento nel 1951, figlio di un funzionario del Banco di Sicilia. Laureatosi in Giurisprudenza all'Università di Catania, dopo aver vinto il concorso in Polizia, era entrato come commissario nella sezione investigativa

della squadra mobile di Palermo e successivamente ha diretto la sezione catturandi. Durante la sua attività investigativa ha arrestato numerosi latitanti e scoperto raffinerie di droga e depositi di armi. Ha collaborato con il giudice Rocco Chinnici non solo nelle indagini contro Cosa nostra ma anche incontrando i giovani nelle scuole per sensibilizzarli al rispetto della legalità e dei valori democratici. Per promuovere questa attività aveva dato vita al comitato "Lillo Zucchetto". Il 28 luglio 1985, il giorno prima di andare in ferie, venne ucciso in un agguato mafioso a Porticello (dove teneva il proprio motoscafo). La squadra mobile di Palermo, coordinata dal commissario capo Ninni Cassarà, si mise immediatamente sulle tracce dei killer. Tra Palermo e Casteldaccia duecento persone furono ascoltate. Qualcuno fece una soffiata: dopo essere scappati in moto, gli emissari delle cosche avevano preso un'auto d'appoggio. Una Peugeot 205 rossa che qualcuno aveva avvistato domenica sera a Porticello. Non era rubata, apparteneva a una famiglia di pescatori. Si chiamavano Marino e vivevano nella borgata di Sant'Erasmo. Uno di loro faceva il calciatore. Era fortemente sospettato di essere un fiancheggiatore del commando. La famiglia Marino, padre madre e sette fratelli, fu chiamata in questura. Salvatore Marino era però irrintracciabile. Alcuni poliziotti gli perquisirono la casa, un umile alloggio a pochi passi dal mare di Romagnolo e, arrotolati in un giornale del 30 luglio, due giorni dopo l'assassinio Montana, trovarono dieci milioni. Altri ventiquattro furono rinvenuti in un armadio. Salvatore Marino si presentò alla questura il giorno dopo accompagnato dal suo avvocato. Fu immediatamente interrogato. Gli chiesero dove si trovasse la sera di domenica 28 luglio. Rispose: «In piazza a Porticello, con la fidanzata, a mangiare un gelato». Gli chiesero da dove provenissero i soldi trovati in casa. Rispose: «Dalla mia squadra». Ma i dirigenti della società lo smentirono: mai dati soldi in nero. Il fermo del calciatore fu confermato fino al mattino seguente.
Durante la notte però gli uomini di Beppe Montana ci vollero vedere più chiaro. Andarono a prelevare Marino nel carcere. Per tutta la notte Salvatore Marino fu torturato. Acqua salata e botte. Alle luci dell'alba era ridotto un cadavere. Nessuno sarebbe più riuscito a rianimarlo. Il mediano dal gol facile era morto. Dieci giorni dopo l'omicidio del commissario Montana la mafia uccide Ninni Cassarà e Roberto Antiochia: il primo dirigeva la sezione investigativa della squadra mobile, il secondo è stato insieme a Lillo Zucchetto tra i suoi migliori investigatori ed era venuto a Palermo in ferie per i funerali di Beppe. Un anno dopo la mafia uccideva anche Natale Mondo, un altro collaboratore di Ninni Cassarà miracolosamente sopravvissuto alla strage di via Croce Rossa.

FILIPPO GEBBIA - ANTONIO MORREALE
Perito industriale. P. Empedocle: 21 settembre 1986. Aveva 30 anni.
Pensionato. P. Empedocle: 21 settembre 1986. Aveva 67 anni.

Prima strage di Porto Empedocle. È la sera del 21 settembre del 1986. Due auto cabriolet percorrono la via Roma, si avvicinano al marciapiede dove il titolare del bar Albanese aveva collocato dei tavoli. Improvvisamente c'è un black-out. I sicari iniziano a sparare su un gruppo di clienti. I bersagli sono Luigi Grassonelli e il padre Giuseppe. Muoiono entrambi. Stessa sorte toccherà a Giovanni Mallia, considerato il loro guardaspalle e ad Alfonso Tuttolomondo. Muoiono anche due innocenti colpevoli solo di essersi trovati nel posto sbagliato, nel momento sbagliato.

Uno è Filippo Gebbia, aveva 30 anni ed era con la fidanzata. Da poco era stato assunto alla Vetem, una fabbrica locale di farmaci veterinari dopo un passato che lo aveva visto fare l'operaio alla Italcementi o cameriere nei matrimoni. Mestieri che nulla avevano a che vedere con il suo diploma di perito industriale ma che gli consentivano di non pesare molto sulle casse della famiglia: il padre per anni emigrò in Canada. Superate mille difficoltà, legate anche alla mancanza di un posto fisso, Filippo e la fidanzata finalmente pensavano di sposarsi presto, nella chiesa di Santa Croce.

L'altra vittima era Salvatore Morreale un pensionato, seduto al tavolo con la moglie.

Il contesto e la storia di questa strage, della quale è stato testimone oculare lo scrittore Andrea Camilleri, è stata raccontata nel libro Cosa Muta, pubblicato nel 2002 dal centro studi Pier Paolo Pasolini.

Quella sarebbe stata, in ogni modo, una serata da non dimenticare, era il 21 settembre del 1986, l'ultima dell'estate: fine delle vacanze ed inizio delle lezioni. La gente era tutta lì nel budello di quattrocento metri che dal bar porta fino al chioschetto della scuola elementare "Luigi Pirandello", dove un tempo ormai lontano si vendevano enormi bicchieri di "acqua sessa", vera overdose di bollicine. C'era tanta gente, tanti giovani. Lui, Filippo Gebbia aveva 30 anni, un tipo allegro e socievole. In quelle ore stava lavorando su due fronti: un torneo di sport per la parrocchia di Santa Croce e l'altro progetto era più personale. Pensava alle nozze dopo aver atteso per anni un lavoro. Era tra la folla e si ritagliava una striscia di marciapiede in lungo e in largo per la via Roma. Non era solo, teneva per mano la fidanzata. Parlavano guardando l'orizzonte, un po' come fanno tutti i "marinisi" sempre presi ad anticipare il tempo per non essere sorpresi dalla burrasca in alto mare. Lui, per la verità, di mare non ne capiva più di tanto, aveva forse frequentato la mitica banchina della *"prima scalì"* (che ha tenuto a battesimo migliaia di intrepidi piccoli nuotatori), ma non dava l'impressione di essere uno che non sapeva rinunciare ad un tuffo in acqua. Filippo era un creativo, ma anche un tecnico con diploma di perito industriale, e per diventarlo aveva trascorso cinque lunghi anni fuori casa. Pendolare già a 14 anni, era stato uno dei tanti studenti che la domenica pomeriggio salutavano amici e parenti per raggiungere la sede scolastica. Per lui era Gela, perchè dalle nostre parti non aveva trovato scuole che soddisfacevano la sua voglia di sapere e di guardare al mondo del lavoro con un titolo più richiesto dal mercato. Non era uno qualsiasi, Filippo era un arguto, dall'intelligenza vivace, ironico. Guardava avanti, ma non aveva fatto i conti con il suo paese, con la sua gente. Per anni gli avevano raccontato delle frottole, che era nato in un luogo d'avanguardia e pieno di prospettive, simbolo dello sviluppo industriale, e dunque ricco. Ma ricco di cosa? Se lo è chiesto una intera generazione, sopratutto quando dal 1974 in poi ha visto le strade sbarrate e occupate dai lavoratori della Montedison rimasti senza posto dopo che Eugenio Cefis, l'uomo del Nord, aveva ritenuto improduttivo lo stabilimento empedoclino. Così in quegli anni centinaia di maestranze scaricarono per strada la loro rabbia, bloccando la statale e presidiando lo stabilimento. Vent'anni prima avevano fatto lo stesso i lavoratori portuali, "i carrittera", che si erano spinti anche a seminare terrore nelle scuole per difendere il posto di lavoro. La protesta fu tanta, ma altrettanta la decisione dell'azienda milanese. Così la classe politica tirò fuori dal cilindro la cassa integrazione guadagni: l'operaio perdeva il lavoro, ma almeno portava a casa uno stipendio pari all'80 per cento dell'ultima paga percepita. Pagati per non far nulla, e il paese fu presto invaso da centinaia di onesti operai rimessi sulla strada con una retribuzione appena sufficiente a mantenere a galla la famiglia. Esplose il sommerso e per molti fu il doppio e il triplo lavoro. Naturalmente in nero. L'epoca della cassa integrazione coincise con il crollo dell'economia del paese e un aumento vertiginoso del fenomeno del clientelismo che a Porto Empedocle aveva già trovato una sua tana e un sicuro rifugio. Tramontate le speranze riposte nell'industria privata, era così iniziata la caccia al posto pubblico, al 27 sicuro, e la vecchia Marina di Girgenti costituiva un ennesimo paradosso: terra di disoccupati, di bisogni, di speranze perdute, ma contemporaneamente terra che più di ogni altra aveva il record di politici, consiglieri provinciali, deputati regionali e nazionali. Questo clima di insoddisfazione e di necessità ha avuto un solo pregio: rafforzare la cultura del gruppo, del clan attraverso il quale cercare una risposta concreta ai propri bisogni. Dando, così, ampio spazio a quello che i sociologi chiamano familismo. Cos'è? Lo ha spiegato Damiano Zambito nel 1991 al primo convegno organizzato per ricordare il martirio di Rosario Livatino. *"È quell'atteggiamento culturale che indica la deresponsabilizzazione individuale che si ottiene con l'affidarsi a persone che decidono per conto nostro, isola l'individuo e lo chiude in piccoli gruppi di persone che pensano allo stesso modo e hanno un cieco rispetto per l'autorità che si afferma col potere"*. E ancora Zambito: *"Questo complesso di atteggiamenti ha un risvolto sociale: favorire l'affermarsi del clan, della cricca, delle clientele"*. Il contesto era questo, un intreccio di interessi per appagare i desideri di una società divisa in tanti piccoli gruppi, ciascuna piena di ambizioni e aspettative. Una "febbre" che prendeva tutti, aggregando allo stesso livello la cosiddetta società civile con quella che, invece, preferiva agire nell'ombra e nella illegalità. Studenti, padri di famiglia, politicanti, portaborse, casalinghe, universitari, laureati, diplomati, disoccupati, poco di buono, aspiranti mafiosi e mafiosi conclamati sotto lo stesso tetto che è la cultura del gruppo, dell'associazione, della corrente politica, del partito, del lavoro o della cosca.

Chiamatela come volete ma la realtà era che Porto Empedocle, guardando al futuro così incerto, si era frastagliata e aveva fatto del familismo qualcosa di più di una ideologia, da approfondire nella segreteria di un politico, od in una sagrestia o, per i più inappagati e senza titolo di studio, in una cosca mafiosa alla quale oltre al corpo vendere l'anima, con buona pace della Chiesa sempre così incerta e debole dinanzi al potere politico. Negli anni Sessanta in molti trovarono lavoro alla Montedison oppure all'Enel grazie all'intercessione di qualche prelato, e la grazia di voti ricevuta da onorevoli e deputati si esprimeva poi con una riconoscenza che si è materializzata in statue, organi e banchi per riempire le navate delle chiese ancor oggi piene di stucchi ed orpelli.

Ecco dove erano cresciuti Filippo e la sua generazione, in un paese perennemente alla ricerca di una raccomandazione, apparentemente normale e in compenso intriso di clan mafiosi, teatro di mille estorsioni e di omicidi. La mafia, del resto, non è mai nella normalità. Eppure dopo che quelle due cabriolet decappottate si fermarono davanti al bar Albanese con sopra i mercanti di morte e le mitraglie che spazzavano via ogni traccia di vita, subito si cercò di banalizzare. *"Roba da delinquenti comuni"*, si disse a gran voce dal palazzo municipale. Non era così, la realtà era che i tentacoli di Cosa Nostra erano già da qualche tempo giunti anche a P. Empedocle e che la cupola provinciale aveva firmato quella strage per lavare col sangue la violenza subita dai suoi uomini, aggrediti da un gruppo di emergenti che riconosceva capo un "pilu russu", un giovanotto figlio d'arte cresciuto in una famiglia di persone *'intise*.

Si chiamava Gigi Grassonelli. La mitraglietta lo cercò e spense ogni suo estremo gesto di spavalderia. Lo colpì mentre cercava di sparire nel vicoletto che dal "corso" porta verso il cinema Mezzano. Il killer lo seguì finendolo con disprezzo, senza pietà. Accadde lo stesso, contemporaneamente, al povero Filippo Gebbia che con la ragazza ed i suoi sogni era arrivato dentro il bar per ordinare qualcosa proprio un attimo prima che giungesse la cabriolet assassina. Chissà, forse lo avrà tradito quel suo ciuffetto rossiccio ed il suo nome: Filippo come Adorno, consigliere e amico d'infanzia dei Grassonelli. Così il commando quando lo vide sparò nel mucchio, e lo colpì solo di striscio. *"Filì, Filì"* si sentì gridare, ed il killer innervosito tornò indietro colpendolo senza scampo ritenendo, forse, di aver stanato uno della banda. Invece era stato eliminato un innocente, spirato all'ospedale San Giovanni di Dio dopo un giorno di agonia. Filippo - ed un processo lo ha accertato per fugare i dubbi che dalle nostre parti non mancano mai- era un giovane per bene, con quelli del clan era solo vicino di casa. In fondo tutti in un paese di 16 mila abitanti lo siamo stati e tutti portiamo i segni di quella convivenza così difficile. Oggi nessuno parla più del povero Filippo, né di Antonio Morreale altra vittima innocente, nato a Grotte il 3 gennaio del 1919 e pensionato del Comune di P. Empedocle. Aspettava che il genero tornasse a riprenderlo per riportarlo a casa, e lui per riposarsi un po' aveva deciso di stare seduto al bar per gustarsi un gelato insieme con la moglie Bianca Frassi, una piemontese.

Mai scelta si rivelò così sciagurata. Il suo tavolo era troppo attiguo a quello dei Grassonelli e quando arrivò la furia omicida fu travolto da una scarica di piombo. Racconterà la moglie in ospedale dove venne portata per medicare le ferite: *"Davo le spalle alla strada, pensavo che fossero mortaretti fatti scoppiare dai ragazzini. Mi sono resa conto di quello che stava accadendo solo quando ho visto mio marito vacillare. Ha tentato di gettarsi sotto il tavolo, ma è stato colpito prima"*.

ANTONINO E STEFANO SAETTA

Magistrato. Canicattì: 25 settembre 1988. Aveva 66 anni.
Diplomato. Canicattì: 25 settembre 1988. Aveva 35 anni.

Antonino Saetta, nasce a Canicattì il 25 ottobre 1922. Nel 1940 si iscrive alla facoltà di Giurisprudenza presso l'Università di Palermo, chiamato nel frattempo alle armi, partecipa al corso per allievi ufficiali di complemento dell'Esercito, che fu però interrotto per la sopraggiunta cessazione delle ostilità. Conseguita la laurea nel 1944, col massimo dei voti e la lode, vince il concorso per uditore giudiziario, entra in magistratura nel 1948 e vi lavora per quarant'anni. Il 25 Settembre 1988, pochi mesi dopo la conclusione del processo per l'uccisione del capitano dei carabinieri Emanuele Basile, e pochi giorni dopo il deposito della motivazione della sentenza, il presidente Antonino Saetta venne assassinato, insieme al figlio Stefano, sulla strada Agrigento - Caltanissetta, mentre senza scorta e con la sua auto, faceva rientro alla nuova sede di lavoro di Palermo. Sono stati condannati all'ergastolo, dalla Corte d'Assise di Caltanissetta, per il duplice efferato omicidio, i capimafia Salvatore Riina, Francesco Madonia, e Pietro Ribisi (uno dei fratelli terribili di Palma) componente del commando. Gli altri due killer vennero assassinati: secondo la Dda si trattava di Nicola Brancato e Michele Montagna. Morì anche il loro basista, Giuseppe Di Caro.
All'apertura del processo il giovane pm Antonino Di Matteo non esitò a censurare il comportamento dei predecessori del giudice Saetta, più attenti al quieto vivere che all'amministrazione della giustizia.

ANTONIO SAETTA, MIO PADRE

Parlare dell'uccisione di mio padre Antonino Saetta e di mio fratello Stefano, morto con lui, è un compito che, seppure mi riporti alla mente fatti dolorosi, svolgo volentieri, nella convinzione che sia opportuno cercare di tener vivo il ricordo di certi eventi e di certi uomini che sono caduti per difendere interessi e valori della società civile tutta. A maggior ragione l'informazione appare opportuna con riferimento ad una vittima di mafia, quale Antonino Saetta, che è certamente meno conosciuta e meno rievocata di altre consimili, pur essendo non meno rilevante e significativa. Antonino Saetta nacque a Canicattì il 25.10.22, terzo di cinque figli, da Stefano, maestro elementare, e da Maddalena Lo Brutto, casalinga. Conseguita la maturità classica presso il liceo ginnasio statale di Caltanissetta, si iscrisse alla facoltà di Giurisprudenza di Palermo. Entrò in Magistratura nel 1948, all'età di ventisei anni. La sua prima sede di servizio fu Acqui Terme (Al), in Piemonte. Nel 1952, sposò Luigia Pantano, farmacista, anch'essa di Canicattì. Ad Acqui Terme nacquero i figli Stefano e Gabriella. Si trasferì poi, nel 1955, a Caltanissetta, ove, alcuni anni dopo, nacque il terzo figlio, Roberto (chi scrive). Fu quindi a Palermo, nel 1960, e ivi svolse poi la maggior parte della carriera, occupandosi prevalentemente di processi civili, salvo talune parentesi. Nel periodo 1969-71 fu Procuratore della Repubblica presso il Tribunale di Sciacca. Negli anni 1976-78, fu Consigliere presso la Corte d'Assise d'Appello di Genova, ove si occupò anche di taluni processi penali di risonanza nazionale (Brigate Rosse; naufragio doloso Seagull). Nel periodo 1985-86 ricoprì le funzioni di Presidente della Corte d'Assise d'Appello di Caltanissetta. E qui si occupò, per la prima volta nella sua carriera, di un importante processo di mafia, quello relativo alla strage in cui morì il giudice Rocco Chinnici, e i cui imputati erano, tra gli altri, i "Greco" di Ciaculli, vertici indiscussi della mafia di allora, e pur tuttavia incensurati. Il processo si concluse con un aggravamento delle pene e delle condanne rispetto al giudizio di primo grado. Antonino Saetta tornò poi definitivamente a Palermo, quale Presidente della prima sezione della Corte d'Assise d'Appello. E qui si occupò di altri importanti processi di mafia, ed in particolare presiedette il processo relativo alla uccisione del capitano Emanuele Basile, che vedeva imputati i pericolosi capi emergenti Giuseppe Puccio, Armando Bonanno e Giuseppe Madonia. Il processo, che in primo grado si era concluso con una sorprendente, e molto discussa, assoluzione, decretò, invece, in appello, la condanna degli imputati alla massima pena, nonostante i tentativi di condizionamento effettuati sulla giuria popolare, e, forse, sui medesimi giudici togati. Pochi mesi dopo la conclusione del processo, e pochi giorni dopo il deposito della motivazione della sentenza, il Presidente Antonino Saetta fu assassinato, insieme con il figlio Stefano, il 25 Settembre 1988, sulla strada Agrigento - Caltanissetta, di ritorno a Palermo, dopo avere assistito, a Canicattì, al battesimo di un nipotino. L'inchiesta, pur essendo sin da subito chiara agli inquirenti la matrice mafiosa dell'omicidio, era stata, in un primo tempo, archiviata a carico di ignoti. In quegli anni, non era ancora stata introdotta la legislazione sul pentitismo; e la quasi totalità degli omicidi di mafia, anche di alte personalità dello Stato, rimanevano prive di colpevoli e persino di imputati. Sette anni dopo, nel 1995, grazie a nuovi elementi investigativi nel frattempo forniti da alcuni collaboranti, e grazie anche al caparbio impegno e alla capacità di due giovani pubblici ministeri presso la Procura della Repubblica di Caltanissetta, che voglio ricordare, il dr. Antonino Di Matteo, e il dr. Gilberto Ganassi, si potè riaprire l'inchiesta. I responsabili della duplice uccisione vennero individuati in Totò Riina, Francesco Madonia, e Pietro Ribisi. I primi due, capi indiscussi della mafia palermitana, e della cosiddetta cupola, come mandanti; il terzo, Ribisi, esponente di una sanguinaria famiglia mafiosa di Palma Montechiaro, quale esecutore, insieme con altri criminali, nel frattempo uccisi. I tre imputati sono stati processati e condannati all'ergastolo, dalla Corte d'Assise di Caltanissetta. Il verdetto, confermato anche nei successivi gradi di giudizio, è ormai passato in giudicato. Antonino Saetta rappresentava un obiettivo di primaria importanza per la mafia, un obiettivo da eliminare necessariamente. Per raggiungere il quale, ebbero a convergere le forze di due articolazioni territoriali della mafia: quella palermitana, e quella agrigentina. I processi di mafia presieduti da Antonino Saetta avevano riguardato prevalentemente se non esclusivamente la mafia di Palermo, che risulta mandante dell'assassinio. L'esecuzione materiale dello stesso viene però affidata alla mafia dell'Agrigentino, con la consegna di occuparsene in quel territorio. Ciò, in parte, è stato determinato da ragioni di maggior sicurezza operativa: nessun rischio presentava infatti un agguato a quel magistrato, nel momento in cui, in compagnia soltanto del figlio, ritornava a Palermo, da Canicattì, in tarda serata, su una normale vettura, e senza scorta, in un tratto di strada poco trafficata e circondata dalla campagna. Si conseguiva, inoltre, il vantaggio ulteriore di confondere le acque agli inquirenti. Ma il motivo principale di quella scelta era un altro: risulta, dagli atti processuali, che la mafia dell'Agrigentino, il cui capo indiscusso era, allora, il canicattinese Peppe Di Caro, poi ucciso, abbia volentieri accettato di occuparsi dell'esecuzione materiale di quell'assassinio, per acquisire maggior prestigio all'interno dell'organizzazione e, soprattutto, per stringere più forti rapporti di alleanza con le cosche dominanti del Palermitano. La collaborazione tra la mafia palermitana e quella agrigentina serviva anche a dare un segnale di compattezza, e di risolutezza, tanto più necessario per il significato dirompente di quell'evento: per la prima volta si uccideva un magistrato "giudicante", un organo che, per definizione, non è antagonista rispetto al reo, come lo è invece un magistrato inquirente, ma si colloca in una posizione super partes, di terzietà e di garanzia, tra l'accusa e la difesa, e pronunzia il suo verdetto, in nome del Popolo Italiano, sulla base degli elementi processuali forniti dall'una e dall'altra. Con l'uccisione di Antonino Saetta si compiva un tragico salto di qualità: chiunque amministrava giustizia, ledendo interessi mafiosi adesso avrebbe potuto sentirsi in pericolo di vita. L'effetto intimidatorio che ne scaturì negli anni successivi - effetto assolutamente voluto - fu esteso e ben evidente, come espressamente è stato scritto nella relazione finale della commissione parlamentare antimafia, presieduta dal sen. Violante, e si concretizzò in una lunga sequela di ingiustificabili assoluzioni. La gravità di quell'omicidio fu per la verità, sin dall'inizio, chiara agli operatori giuridici e alle autorità istituzionali: ai funerali di Antonino e Stefano Saetta, a Canicattì, volle partecipare , accanto al Capo dello Stato, a ministri, a segretari di partito, anche l'intero Consiglio Superiore della Magistratura, fatto questo che mai si era verificato prima, in casi analoghi, nè mai si verificò dopo, neppure dopo le stragi del 1992. Ma perchè la mafia decise di uccidere un magistrato così poco noto alle cronache come Antonino Saetta? Innanzitutto, per quello che egli aveva già fatto. Negli ultimi anni di vita, come s'è detto, si era occupato, quale Presidente di sezione di Corte d'Assise d'Appello, di due fondamentali processi di mafia: quello relativo all'uccisione del giudice Chinnici, contro i Greco di Ciaculli, e il processo relativo all'omicidio del capitano dei carabinieri Basile, contro i boss emergenti Puccio, Bonanno e Madonia. Entrambi questi processi, condotti con mano ferma, si conclusero con la condanna all'ergastolo degli imputati, e, particolare che va ricordato, con l'aumento delle pene e delle condanne rispetto al giudizio di primo grado; invertendo così una comune ma ingiustificata prassi giudiziaria che ci aveva abituati a vedere le sentenze di appello quasi sempre più miti e indulgenti di quelle di primo grado. Il processo Basile fu l'ultimo processo presieduto da mio padre: il dispositivo venne letto poche settimane prima della sua uccisione. È probabile che un movente di ritorsione vi fosse, per il modo rigoroso e inflessibile con il quale il processo fu presieduto, sottraendolo a pesanti condizionamenti criminali. Ma certamente non di solo ritorsione. Antonino Saetta fu ucciso anche, o soprattutto, per quel che avrebbe potuto fare quale probabile presidente, come correva voce, del maxiprocesso d'appello contro la mafia. La quale non poteva gradire per quell'incarico un giudice che si era dimostrato non influenzabile in alcun modo e non suscettibile di intimidazione. Il movente dell'assassinio è stato quindi triplice: "punire" un magistrato che, per la sua fermezza nel condurre il processo Basile, e, prima, il processo Chinnici, aveva reso vane le forti pressioni mafiose esercitate; "ammansire", con un'uccisione eclatante, gli altri magistrati giudicanti allora impegnati in importanti processi di mafia; "prevenire" la probabile nomina di un magistrato ostico, quale Antonino Saetta, a Presidente del maxiprocesso d'Appello alla mafia. Antonino Saetta era un magistrato schivo e riservato, per indole e per scelta di vita. Un giudice che, come tanti, ma non come tutti, aveva fatto carriera lontano dai centri di potere, palesi od occulti. Un giudice che, come il conterraneo Rosario Livatino, evitava la frequentazione dei politici, non per banali pregiudizi nei loro confronti, ma per far sì che non si determinassero indebite interferenze, magari inconscie, sul suo operato. Un giudice che però, dopo la sua tragica fine, è stato spesso dimenticato. Al punto che la sua figura, e persino il suo nome, sono ormai sconosciuti a tanti, soprattutto ai più giovani. All'oblio hanno concorso vari fattori: anzitutto, la sua poca notorietà da vivo, determinata in parte dalle funzioni che svolgeva, che erano funzioni "giudicanti", solitamente poco illuminate dai riflettori delle telecamere. In secondo luogo, la sua naturale riservatezza, che dovrebbe essere tuttavia una virtù o un dovere per ogni magistrato. Probabilmente ha contribuito anche il luogo scelto per l'omicidio, un luogo lontano da Palermo, città ove era la sua residenza e ove svolgeva la sua attività. Ancora più sconosciuta è la figura del figlio Stefano, morto con lui, all'età di 35 anni. Talmente sconosciuta che, in quel mediocre film intitolato "Il Giudice Ragazzino", film che non è piaciuto neanche ai genitori di Rosario Livatino, Stefano viene incomprensibilmente rappresentato come un disabile allo stato vegetativo sulla sedie a rotelle, quando invece era un giovane fisicamente sano, e addirittura sportivo: era un ottimo nuotatore, faceva spesso lunghe camminate, e talvolta giocava pure a calcio. Aveva avuto dei disturbi psichici, dai quali però era sostanzialmente guarito già diversi anni prima della morte. La conoscenza della vicenda di Antonino e Stefano Saetta è indispensabile per chiunque voglia realmente comprendere cosa sia stata la lotta alla mafia negli ultimi venti anni, e quale sia stato il livello dello scontro. Ritengo che, prima o poi, a differenza di quel che sinora è avvenuto, gli operatori culturali, gli studiosi, il mondo accademico, si soffermeranno più ampiamente su questa vicenda, che ha caratteristiche di gravità unica: unica perchè, per la prima e sinora unica volta, è stato ucciso un magistrato giudicante; e unica perchè, per la prima e unica volta, insieme con il magistrato da uccidere, è stato ucciso anche suo figlio.

Roberto Saetta

GIUSEPPE TRAGNA
Direttore di banca. Agrigento 18 luglio1990. Aveva 48 anni.

Venne ucciso la mattina del 18 luglio 1990 a San Leone. Giuseppe Tragna, aveva 48 anni, integerrimo direttore di un'agenzia di banca della Città dei Templi.

Era appena arrivato dinanzi alla sua villetta a bordo della propria autovettura e stava facendo le consuete manovre per posteggiare. I killer entrarono in azione incuranti del fatto che a quell'ora molte altre persone avrebbero potuto fare ritorno nei vicini villini dopo aver trascorso anche loro la giornata in ufficio o al mare. Il commando realizzò il piano criminale con freddezza, in pochi secondi. Probabilmente usando anche un'arma col silenziatore perché nessuno sentì i cinque colpi d'arma da fuoco. Neppure i familiari della vittima. Giuseppe Tragna si trovava ancora dentro l'abitacolo, aveva appena fermato il motore della sua Regata azzurra. Si accingeva ad aprire lo sportello e uscire dall'autovettura. Gli assassini si avvicinarono e con determinazione gli spararono da distanza molto ravvicinata, colpendolo al volto e alla testa. Rimase qualche minuto riverso sul sedile dell'auto finché un passante si accorse di lui e chiamò i soccorsi. Un delitto subito considerato assurdo. Le indagini seguirono diverse piste, anche le più difficili e calunniose. Ne restò in piedi solo una, l'unica pista possibile e sopratutto vera: ovvero qualche problema legato alle responsabilità professionali di un direttore di banca che ogni giorno deve prendere scelte difficili, delicate che possono anche non piacere.

Solo nove anni dopo, nel settembre del 1999 è stato possibile fare luce su questo delitto. In Germania, un pregiudicato agrigentino, Daniele Sciabica, pentitosi in carcere mentre stava scontando una condanna per un altro delitto, rivelò di avere sulla coscienza la morte del direttore agrigentino, anche se il suo ruolo era stato quello di fiancheggiatore. Fece dei nomi e gli investigatori subito ebbero i primi riscontri. Da questa prima fase delle indagini si arrivò presto anche alle rivelazioni di un altro collaboratore di giustizia di Gela, che portò la squadra mobile di Agrigento a chiudere il cerchio e a provvedere ad alcuni arresti. Andarono in carcere alcuni stiddari legati al clan di Porto Empedocle e Favara con l'accusa di omicidio e associazione mafiosa. L'impianto accusatorio, fondato soprattutto sul movente più plausibile, cioè quello legato alle attività del bancario Tragna, resse. Due imputati, Giovanni Gandolfo e lo stesso Sciabica, vennero condannati. Un terzo assolto.

GIUSEPPE BUNONE - MARCO BONSIGNORE
Muratore. Siculiana 25 giugno 1990. Aveva 22 anni.
Emigrato. Siculiana 25 giugno 1990. Aveva 25 anni.

Il 25 giugno del 1999 un commando fece irruzione in una pizzeria di Siculiana. Dentro c'era Gaspare Mallia, uno della Stidda.

Era lui l'unico obiettivo dei killer che però non riescono a scalfirlo. I proiettili, invece, raggiungono due ragazzi seduti a mangiare una pizza. Uno si chiamava Marco Bonsignore di Siculiana: un ragazzo buono e semplice che per trovare un lavoro aveva lasciato la casa dei genitori per stabilirsi all'estero. Era appena tornato per le vacanze estive. L'altra vittima era di Porto Empedocle: Giuseppe Bunone, un muratore

Ecco la ricostruzione dell'agguato attraverso le carte processuali.

Intorno alle ore 16,40 circa, una moto di grossa cilindrata, con a bordo due persone, si ferma davanti al bar-pizzeria "Graffiti" di Siculiana, ubicato lungo la strada statale 115. A bordo c'è un uomo con il capo coperto da un casco: scende, entra all'interno del locale, si avvicina ai tavolini ed esplode alcuni colpi d'arma da fuoco contro tre avventori, uccidendone due: Bunone Giuseppe e Bonsignore Marco. Il terzo avventore, successivamente identificato per Mallia Gaspare, era riuscito ad evitare il fuoco dell'arma fuggendo precipitosamente da una finestra. Il killer, intanto, si dileguava a bordo della moto dove lo attendeva il complice. Sul posto intervennero i carabinieri di Siculiana che ricostruivano le fasi dell'agguato grazie ad alcune testimonianze. Le indagini pur inquadrando l'omicidio nella faida mafiosa che insanguinava la zona compresa fra Siculiana e Porto Empedocle, non erano, però, approdate a risultati degni di nota. Il primo dei collaboratori di giustizia che ha fatto rivelazioni su questo duplice omicidio è stato, nel corso delle indagini preliminari, Salemi Pasquale, il quale ha riferito di avere appreso da Putrone Giuseppe che i due giovani erano stati uccisi da un commando formato da Castronovo Calogero Salvatore e Brancato Giuseppe, inteso "Peppe nanu", e che vero obiettivo dei killers era Mallia Gaspare, esponente dello schieramento "stiddaro", riuscito miracolosamente a scampare all'agguato. Tuttavia, è solo con l'avvenuta collaborazione di Falzone Alfonso che gli investigatori sono riusciti a fare piena luce sul duplice omicidio.

Falzone riferì che quella di Bunone e Bonsignore era stata la prima azione delittuosa a cui aveva partecipato da quando era stato "avvicinato" a Cosa nostra.

Sentito al pubblico dibattimento, all'udienza del 17 dicembre del 1999, Alfonso Falzone ha confermato la confessione resa e le accuse mosse ai suoi correi nella fase delle indagini preliminari.

Questa la trascrizione delle dichiarazioni dibattimentali rese dal collaborante:

FALZONE - *Dunque, nel mese di giugno c'è stato il tentato omicidio di Gaspare Mallia. Mi hanno detto che c'era bisogno di individuare questo Mallia...*

DOMANDA P.M. - Lei quando dice "mi hanno detto", se non le dispiace, dovrebbe precisare chi.

RISPOSTA - *Giuseppe Putrone. Mi ha detto che c'era bisogno di individuare questo Mallia in quanto già era, diciamo, in lista di essere ucciso da tanto tempo. Così un giorno mi ha portato nella zona di Siculiana vicino alla casa dove abitava il Mallia per fare..., individuare il posto dove lui abitava. Dopo...*

DOMANDA - Ecco, lei ci può descrivere il posto in cui abitava Mallia?

RISPOSTA - *Dunque, io la casa precisa non l'ho individuata, però ho individuato la discesa dove stava lui perché aveva sempre la macchina posteggiata là.*

DOMANDA - Di che macchina si trattava?

RISPOSTA - *Una Y10. Abbiamo fatto dei giri un paio di giorni, si è individuata questa macchina nella sua casa. Così si sono preparati per fare questo omicidio.*

DOMANDA - Chi si è preparato?

RISPOSTA - *Giuseppe Brancato e Salvatore Castronovo. Eravamo io e Putrone a girare con due diverse macchine, lui con la sua e io con la mia.*

DOMANDA - Lei parla sempre di Putrone Giuseppe?

RISPOSTA - *Sì.*

DOMANDA - Quindi lei è in grado anche di dirci qual era la macchina che Putrone Giuseppe usava per fare questi giri?

RISPOSTA - *Una Lancia Prisma grigio scuro.*

DOMANDA - Ricorda la targa?

RISPOSTA - *Non era targata Agrigento. Mi sembra..., VI era targata, Vicenza.*

DOMANDA - Vada avanti.

RISPOSTA - Dunque, ci siamo messi a girare per vedere se incontravamo questo Gaspare Mallia. Poi prima io e poi lui abbiamo individuato sia la macchina davanti a questo ristorante e abbiamo pure visto che c'era lui seduto con altre due persone.

DOMANDA - Che cosa avete fatto?

RISPOSTA - *Ho avvertito Brancato e il Castronovo che erano a bordo di una moto, una moto Guzzi, mi sembra, di colore rosso.*

DOMANDA - Di chi era questa moto?

RISPOSTA - *Era rubata. Erano a bordo della moto, io me sono andato e loro sono partiti per andare in quel ristorante. Poi so quello che è*

successo, sono state uccise due persone che non c'entravano niente e il Mallia è scappato.
DOMANDA - Queste due persone uccise, lei ricorda i nomi?
RISPOSTA - *Sì, Bunone e Bonsignore. Bunone era di Porto Empedocle e Bonsignore so che era di Siculiana.*
DOMANDA - Erano persone appartenenti ad una qualche organizzazione mafiosa?
RISPOSTA - *No, non c'entravano niente.*
DOMANDA - Lei come fa a escludere che facessero parte di una organizzazione mafiosa?
RISPOSTA - *Perché noi già conoscevamo il Bunone, sapevamo a quale famiglia, diciamo, apparteneva, che non c'entrava niente con la mafia. Il Bonsignore lo conoscevano anche i siculianesi, che non c'entrava niente con la mafia.*
DOMANDA - Lei poi ha appreso i particolari dell'azione, dell'omicidio?
RISPOSTA - *Sì.*
DOMANDA - Quando e da chi li ha appresi?
RISPOSTA - *Dopo qualche giorno sono andato da Salvatore Fragapane e ho trovato là sia Brancato che il Castronovo. Mi hanno spiegato... Fragapane parlava che il Brancato doveva stare più attento, non doveva ammazzare quelle due persone. Brancato ha detto che lui non sapeva che quelle erano persone innocenti, l'ha visto insieme con Gaspare Mallia e ha sparato pure.*
DOMANDA - E Gaspare Mallia come era riuscito a farla franca?
RISPOSTA - *Perché appena ha visto entrare Brancato col casco ha capito la situazione ed è scappato verso la campagna che c'era alle spalle del ristorante.*
Per l'omicidio dei due ragazzi sono stati condannati: Giuseppe Putrone, Giuseppe Brancato, Salvatore Castronovo, Salvatore Fragapane ed Alfonso Falzone.

GIUSEPPE MARNALO - STEFANO VOLPE
Camionista. P. Empedocle: 4 luglio 1990. Aveva 42 anni.
Operaio. P. Empedocle: 4 luglio 1990. Aveva 23 anni.

Seconda Strage di Porto Empedocle, seconda strage di innocenti. Era il luglio del 1990. I killer stiddari arrivati da Gela dovevano lavare col sangue la morte dei Grassonelli assassinati nel settembre del 1986 (prima strage). I colpi di mitra spezzarono però anche la vita di due ragazzi che erano dentro quella maledetta officina, non per fatti di mafia. Marnalo Giuseppe era un operaio. Per la verità era legato a Sergio Vecchia (l'obiettivo dei killer) da un rapporto di parentela, essendone il cognato. Ma in quel posto era andato per far compagnia all'altro cognato, Calogero Palumbo, rimasto ferito. Stefano Volpe, invece, era il figlio del titolare dell'officina dove si consumò la strage. Era lì per aiutare il padre, mentre il resto della famiglia abitava al piano di sopra. Lo ricordano come un ragazzo sveglio e socievole. Era componente di un gruppo folcloristico di Agrigento. Gli piacevano la musica e la vita. Ma come si arriva alla seconda strage di Porto Empedocle? Una ricostruzione della lunga faida che vide contrapposte le famiglie dei Messina-Albanese da un lato (Cosa nostra) e Grassonelli (Stidda) dall'altro è stata fatta così nel libro Cosa Muta. Tutto ha inizio alla fine degli anni Ottanta.

Era quello il momento in cui i Grassonelli si erano ubriacati delle mire espansionistiche coltivate soprattutto da Gigi, il terzo dei figli di Giuseppe, inteso "Peppi Cascitedda", vecchio esponente della Stidda che dagli anni Cinquanta in poi aveva saputo ritagliarsi in paese uno spazio tutto suo, che mai il gruppo rivale degli Albanese-Messina gli aveva contestato. Così mentre Grassonelli si era specializzato nelle estorsioni a piccoli esercizi commerciali, Cosa nostra badava alle imprese e ai guadagni più consistenti. Un equilibrio perfetto, che pensò Gigi ad infrangere andando a trovare i Panarisi una famiglia di mafiosi che era stata appena "posata", (cioè destituita e messa da parte) e per questo erano pieni di risentimento. Andò nella loro casa di campagna ed entrò in possesso dei segreti di Cosa Nostra, potè conoscere l'organigramma, le famiglie, i capi ed i mandanti dei più recenti delitti. Così, per esempio, seppe che ad ordinare la strage al cantiere dei Traina era stato Colletti. I Grassonelli si armarono per aprire le ostilità, ma anche per difendere i Traina, loro amici e venditori di calcestruzzo in contrada Caos (insidiati dai Messina di Villaseta, uomini d'onore di Cosa nostra e proprietari di un analogo impianto). Racconta Daniele Sciabica - un loro affiliato - che per prima cosa uccisero Gerlando Messina, poi Gerlando Gramaglia. Aperte "le danze" il gruppo empedoclino cominciò a destare preoccupazione. Sempre secondo la ricostruzione della Dda, l'inizio della fine fu il marzo del 1984. I Grassonelli erano divenuti titolari di uno dei bar più frequentati del paese, il "Roxy", che, ironia della sorte, era stato di quegli Albanese che avrebbero poi gestito il bar teatro della prima strage nell'86. Il Roxy era vicinissimo alla villa comunale, sedendo ai tavoli si poteva consumare una cassata gelato ("a pezzu") che solo quella del vicino bar Castiglione poteva far sfigurare. Una sera gli abitanti di questa parte centrale di via Roma vennero svegliati da una forte deflagrazione. Cosa nostra aveva piazzato un ordigno esplosivo davanti alla saracinesca: era la prima risposta ai Grassonelli che "avevano alzato la cresta". Ma i Cascitedda non si lasciarono intimorire, si misero subito al lavoro per scovare gli autori di quello che consideravano un "affronto". Sequestrarono Ignazio Filippazzo, un ragazzone alto e robusto che si era distinto per intraprendenza. Una sera mentre rientrava a casa con la moto, lo bloccarono e lo fecero salire di forza sulla loro auto. Per il giovane fu l'inizio di atroci torture, proprio come quelle che si vedono in televisione nei film di guerra o di spionaggio. Ha raccontato in aula Daniele Sciabica, collaboratore di giustizia: "*Alla fine fu lo stesso Filippazzo a chiedere di essere ucciso. Era in condizioni pietose, lo avevano ridotto a brandelli*". Con l'uso convincente della violenza Filippazzo confessò quel che sapeva sulle ultime mosse di Cosa nostra, disse anche che era stata progettata l'eliminazione di Gigi e Filippo Adorno, due dei personaggi più in vista della "famiglia". Le rivelazioni ottenute andavano comunque verificate. Così un mese dopo venne sequestrato, e poi fatto sparire, anche Stefano Landi: le confessioni coincidevano con quelle di Filippazzo. Il suo corpo venne rinvenuto in fondo al pozzo realizzato dalle Ferrovie dello Stato in quella che una volta era stata la stazione del Lido Azzurro. Il motorino di Filippazzo venne, invece, ripescato nel porto. I Grassonelli presero la rincorsa e assassinarono Gerlando Messina, figlio del capo mafia di Porto Empedocle (agosto '85). Lo scontro diventò frontale, così nel giugno del 1986 un commando composto da Giuseppe Putrone, Sergio Vecchia e Giulio Albanese a bordo di un'auto cercò di uccidere Gigi e Salvatore Grassonelli mentre erano seduti su una delle panchine collocate davanti al cancello della villa comunale. Non avrebbero avuto scampo, se contemporaneamente un fucile automatico Franchi calibro 12 e il mitra Smeissher non si fossero inceppati. La risposta stiddara arrivò pochi giorni dopo: l'otto luglio venne ucciso Giuseppe Messina: era a bordo di una Renault, i killer fecero scendere il figlio di 12 anni e spararono. Il 5 agosto l'attacco dei Grassonelli fu dritto al cuore di Cosa Nostra empedoclina e in piazza Italia, davanti alla pescheria che fu dei Sessa, cadde senza vita Antonino Messina, il boss del paese. Pochi giorni dopo si contarono altre due vittime: Natale Renna (che con le cosche non c'entrava proprio nulla) e il fratello Salvatore (papà di Giuseppe, odontotecnico ritenuto capo mandamento fino al 1998), che si era messo in testa di riappacificare la situazione. Si arriva così al 9 settembre. Cosa nostra pensò di fare una strage, e per questo motivo

Salvatore Albanese 'u cippu, e Giulio Albanese andarono a Canicattì per chiedere l'autorizzazione a Giuseppe Di Caro, capo provincia. Ottenuto il via libera venne rubata una A 112 per agevolare gli spostamenti del commando. Luogo prescelto per l'agguato era la sala trattenimenti "Madison" dove quel giorno si sarebbe festeggiato il matrimonio di un congiunto dei Grassonelli. I Cascitedda però riuscirono a sapere in tempo il pericolo e risposero, anticipando i rivali, riempiendo un'auto di esplosivo. Così quando Calogero Salemi, cugino del collaboratore di giustizia, accese il quadro per spostare la macchina saltò in aria. Quest'ennesimo gesto di spavalderia dei Grassonelli acuì lo scontro. Si preparò un'altra strage. I killer arrivarono da Palma di Montechiaro e due cabriolet usate per l'agguato vennero rubate a Campobello e Licata. Il 21 settembre 1986 Cosa nostra mise in atto nei confronti dei Grassonelli quella che viene definita la "prima strage di Porto Empedocle", nel corso della quale furono massacrate sei persone, tra cui Luigi Grassonelli, il padre e Giovanni Mallia, mentre sfuggirono fortunosamente all'agguato i fratelli di Luigi, Salvatore e Bruno Grassonelli, anch'essi vittime designate. Poche ore prima Cosa Nostra aveva eliminato a Montallegro altri due stiddari: Francesco Iacono e Baldassare Vinti, entrambi di 34 anni. La reazione non si placò con la strage. Nel dicembre del 1986, fu assassinato Filippo Panarisi, uno dei raffadalesi che aveva confidato ai Grassonelli i segreti di Cosa nostra. Ancora, tra il marzo e il luglio del 1987, furono trucidati - in rapida successione - Calogero Iacono, Antonio Messina, Antonio Grassonelli, Salvatore Bruno, Gerlando Mallia e Giuseppe Lo Zito, tutti facenti parte della cosca dei Grassonelli o "vicini" a essa. Gli stiddari empedoclini provarono appena a reagire alla poderosa offensiva di Cosa nostra tentando l'omicidio di Sergio Vecchia e Luigi Putrone, assassinando Giovanni Mangione e Giovanni Sciara, tuttavia senza più riuscire a raddrizzare i rapporti di forza con i loro nemici. A fronte dello strapotere di Cosa nostra i superstiti della famiglia Grassonelli scapparono da Porto Empedocle rifugiandosi in Germania e in Piemonte. Pochi anni dopo i Grassonelli - alleatisi con gli stiddari gelesi della cosca "Iannì-Cavallo" - passarono alla riscossa e nel luglio del 1990 consumarono una strage contro la "famiglia" di Cosa nostra di Porto Empedocle uccidendo tra gli altri Sergio Vecchia, che della "famiglia" era diventato uno degli elementi più pericolosi. Ci furono tre feriti: Francesco Vecchia, Calogero Albanese e Calogero Palumbo.

ROSARIO LIVATINO
Magistrato. Agrigento: 21 settembre 1990. Aveva 38 anni.

Nacque a Canicattì il 3 ottobre 1952, dal papà Vincenzo, laureato in legge e pensionato dell'esattoria comunale, e dalla mamma Rosalia Corbo. Conseguì la laurea in Giurisprudenza all'Università di Palermo il 9 luglio 1975 a 22 anni col massimo dei voti e la lode. Il conseguimento della laurea, alla prima sessione utile, era solo la momentanea conclusione di una brillantissima carriera scolastica iniziata alla scuola elementare De Amicis, proseguita alla scuola media Verga e conclusa al Liceo Classico Ugo Foscolo di Canicattì sempre con voti e giudizi ottimi, compreso un lusinghiero "dieci" in matematica. Il 21 aprile del 1990 conseguì con la lode il diploma universitario di perfezionamento in Diritto regionale.

Giovanissimo entra nel mondo del lavoro vincendo il concorso per vicedirettore in prova presso la sede dell'Ufficio del Registro di Agrigento dove restò dal primo dicembre 1977 al 17 luglio 1978. Nel frattempo però partecipa con successo al concorso in magistratura e lo supera. Prima sede Caltanissetta, quale uditore giudiziario. Poi passò al Tribunale di Agrigento, dove per un decennio, dal 29 settembre '79 al 20 agosto '89, come sostituto procuratore della Repubblica, si occupò delle più delicate indagini antimafia, di criminalità comune ma anche (nell'85) di quella che poi negli anni '90 sarebbe scoppiata come la "Tangentopoli siciliana". Fu proprio Livatino, assieme ad altri colleghi, a interrogare per primo un ministro dello Stato. Dal 21 agosto '89 al 21 settembre '90 Rosario Livatino prestò servizio presso il Tribunale di Agrigento quale giudice a latere e della speciale sezione misure di prevenzione. Dell'attività professionale di Rosario Livatino sono pieni gli archivi del periodo non solo del Tribunale di Agrigento ma anche degli altri uffici gerarchicamente superiori.

Molto rari gli interventi pubblici così come le immagini. Gli unici interventi pubblici, fuori dalle aule giudiziarie, che costituiscono una sorta di testamento sono rappresentati da "Il ruolo del Giudice in una società che cambia" del 7 aprile 1984 e "Fede e diritto" del 30 aprile 1986 (i documenti integrali sono consultabili nel libro "Il piccolo giudice. Fede e Giustizia in Rosario Livatino" di Ida Abate per Editrice Ave mentre l'Associazione "Amici del giudice Livatino, sta valutando l'utilità di ristamparli e diffonderli soprattutto tra i magistrati). Rosario non volle mai far parte di club o associazioni di qualsiasi genere. Rosario Livatino fu ucciso, in un agguato mafioso, la mattina del 21 settembre '90 sul viadotto Gasena lungo la SS 640 Agrigento-Caltanissetta mentre - senza scorta e con la sua Ford Fiesta amaranto - si recava in Tribunale.

Per la sua morte sono stati individuati, grazie al supertestimone Pietro Ivano Nava, i componenti del commando omicida e i mandanti che sono stati tutti condannati, in tre diversi processi nei vari gradi di giudizio, all'ergastolo con pene ridotte per i "collaboranti". L'ergastolo è stato inflitto ad Antonio Gallea, Salvatore Calafato, Salvatore Parla e Giuseppe Montanti (considerati i mandanti) e a Domenico Pace, Paolo Amico, Gaetano Puzzangaro e Gianmarco Avarello riconosciuti come esecutori del delitto e componenti del commando. Tredici anni al collaboratore di giustizia Giuseppe Croce Benvenuto. Rimane ancora oscuro il "vero" contesto in cui è maturata la decisione di eliminare un giudice ininfluenzabile e corretto. Oltre ai numerosi articoli pubblicati su giornali e riviste, sulla figura di Livatino sono stati pubblicati i seguenti saggi: Nando Dalla Chiesa, *Il giudice ragazzino*, Einaudi, Torino 1992; Ida Abate, *Il piccolo giudice. Profilo di Rosario Livatino*, ILA Palma, Palermo 1992 - Armando Siciliano Editore, Messina 1997; Angelo La Vecchia, *Fiaba vera*, Ed. Meta, Canicattì 1997; Ida Abate, *Rosario Livatino. Eloquenza della morte di un piccolo giudice*, Armando Siciliano, Messina 1999; Maria Di Lorenzo "*Rosario Livatino. Martire della giustizia*", Edizioni Paoline, Roma 2000; e *Il piccolo giudice. Fede e Giustizia in Rosario Livatino*, Editrice AVE, Roma 2005.
Il film "*Il giudice ragazzino*" (regia di Alessandro Di Robilant), 1993, è stato liberamente tratto dal saggio omonimo di Nando Dalla Chiesa.
La Diocesi di Agrigento ha avviato le procedure per l'avvio della pratica di beatificazione di Rosario Livatino. Una commissione è stata nominata dal vescovo mons. Carmelo Ferraro. È in corso l'acquisizione delle testimonianze.

Schivo e leale, dunque scomodo
Quel magistrato fuori dal coro

Il 21 settembre del 1990 la mafia si liberava di Rosario Livatino, giudice integerrimo e magistrato di prima linea. Un commando lo seguì mentre da casa stava per raggiungere il Palazzo di Giustizia di Agrigento, lo affiancò e lo colpì a morte dopo averlo inseguito in un dirupo dove il giovane magistrato cercava di sfuggire ai colpi di mitraglietta e pistola. "*Chi vi fici*" gridava ai suoi carnefici mentre affrettava il passo tra le sterpaglie. Per risposta ebbe dei colpi di pistola sparatigli a bruciapelo al volto ed un insulto "*Te cca pezzu di merd..*". Fine di un giudice onesto, non agganciato a nessun carro e senza alcuna tessera di partito. Livatino era un giudice fuori dal normale. Non amava la platea, non rilasciava interviste, non cercava consensi, filtrava le amicizie, declinava gli inviti, rifiutava le iscrizioni a Rotary e Lions. Era, insomma, un diverso. Uno che non guardava in faccia a nessuno. Lavorava e basta senza cercare notorietà, flash e riflettori. Fu lui, decenni prima di Mani pulite, il primo a mettere le mani sugli strani intrecci tra malavita agrigentina e grandi imprese edili impegnate nella costruzione di dighe e strade. Storie di fatture miliardarie per lavori ben pagati ma mai eseguiti che Livatino scoprì indagando sui clan di Favara e Canicattì, il suo paese, dove viveva con i genitori. Storie torbide di infiltrazioni e collusioni che Livatino tirò fuori come da un cilindro scoprendo una realtà di mafia di cui fino a quel momento si stentava a parlare. Quasi a negarne l'esistenza, esorcizzandola! Quelli erano gli anni in cui i confini della legalità in provincia di Agrigento non erano ben delineati, e non era raro vedere nella centralissima via Atenea magistrati e presunti boss sorseggiare un caffè, come buoni amici. Un clima che Livatino ha squarciato con il suo silenzio, con la sua tenacia, con suo impegno. La sua onestà dava fastidio, per punirla quel 21 settembre del 1990 venne armata la mano del suo assassino.

Std. Quando partirono le indagini per gli investigatori queste tre lettere furono un rompicapo. Vennero coinvolti i migliori grafologi della polizia. Tutto avrebbero mai immaginato tranne che significassero sub tutela Dei. Livatino era un credente, uno vero, e considerava il lavoro la palestra della sua fede. Ecco perchè non accettava compromessi, non inseguiva facili carrierismi. Figurarsi i rapporti con la politica. Era, insomma, un candido. Lo si intuiva anche solo vedendolo al bar dove prendeva sempre il "solito": un bicchiere di latte. E quando un giorno lo videro macchiarlo di "caffè" la cosa non passò inosservata. Era un uomo schivo. Molti lo hanno conosciuto solo dopo la tragica morte, restando, forse, delusi per averlo immaginato diverso, scortato, autoritario, dalla voce grossa e magari alto. Lui, invece, era minuto, non amava il clamore e non chiese mai protezione per non impaurire gli anziani genitori. Ucciso per la sua diversità è stato poi dimenticato, forse, anche a causa di questa sua mitezza, per questo ruolo che svolgeva senza tanta pubblicità. Ad Agrigento il suo martirio viene ancora visto con un certo distacco dalla società civile. Nel 1995 il Comune di Canicattì pensò bene di istituire delle borse di studio per ricordarne la memoria. Il bando, però, venne fatto solo quattro anni dopo. Incontri e riunioni se ne contano sulla punta delle dita: sussulti della società civile quasi inesistenti. La morte di Rosario è divenuta così quasi una storia familiare che ha visto gli anziani genitori presenti nei tre lunghi processi sia in primo grado che in appello. Poi alla fine si sono arresi al peso degli anni e al paradosso della legge. Loro per tenere alta la memoria del figlio hanno dovuto pagare di tasca propria gli avvocati, lo hanno fatto volentieri fino a quando hanno saputo che lo Stato, invece, pensava a pagare i legali dei killer del loro figlioletto. Un'ingiustizia, ma anche una ferita ancora viva.

Alfonso Bugea
Testo pubblicato sul Giornale di Sicilia
21 settembre del 2000

ANTONINO IACOLINO
Commerciante. Porto Empedocle: 7 maggio 1991. Aveva 40 anni

Era titolare di un bar a Porto Empedocle. Lo freddarono i colpi di pistola che avrebbero dovuto raggiungere Salvatore Albanese, inteso 'u cippu, un uomo di mafia, legato alla cosca di Cosa nostra.

Fu un delitto preparato col videotipe, con immagini strappate a una televisione privata con dentro le fasi di un processo di mafia. Luogo della scena Villaseta, l'ex palestra dove i giudici della Corte d'Assise un decennio prima avevano messo alla sbarra Stidda e Cosa nostra. Al centro dello schermo dinanzi alle sbarre, guardato a vista dai carabinieri in servizio in aula, sullo schermo compariva Albanese, figura di spicco più nella mitologia mafiosa che nella realtà, lo hanno detto gli stessi collaboratori di giustizia ("non ha mai avuto incarichi di primo piano"). Un ruolo, comunque, l'ha avuto nella organizzazione della prima strage di Porto Empedocle, quella del 21 settembre del 1986, compiuta da un commando a due passi dalla sua abitazione, nel bar sotto casa. E innanzi al suo portone schizzò disperatamente Gigi Grassonelli in una corsa disperata nel tentativo di sfuggire al killer. Fuga inutile: cadde in una pozza di sangue e poco distante la stessa sorte toccò al padre Giuseppe.

La vendetta arrivò cinque anni dopo. Quello di Albanese doveva essere un delitto senza sorprese. Era stato preparato con una certa dovizia. I mandanti si erano procurati un filmato in cui si vedeva Albanese nell'aula bunker di Villaseta. Quei fotogrammi furono visionati una, due, tante volte per far individuare con facilità la vittima; una necessità, dovuta al fatto che furono almeno due i commandi organizzati per eseguire il delitto. Quel video in Vhs è stato così riproposto in più occasioni, con insistenza ai killer venuti da Gela. Non si cercavano errori, ma per terra cadde anche una vittima innocente: Antonino Iacolino, zio di Alfonso Falzone (oggi collaboratore di giustizia), trovatosi nel posto sbagliato al momento sbagliato. Era in compagnia di Albanese per averlo rivisto dopo un lungo periodo di assenza dovuto a un provvedimento giudiziario. Lo aveva incontrato e stava scambiando poche chiacchiere, i soliti convenevoli. Solo la fortuna ha voluto che non si contassero altre vittime. I due killer non risparmiarono piombo e nella fretta di portare a termine l'azione di morte colpirono anche una donna, Giuseppina Baio, rimasta ferita a un piede. I killer del delitto sarebbero stati Orazio Vella (reo confesso) e Guglielmo Greco, un ventenne di Gela dai capelli lunghi e occhiali tondi tondi. Lo videro i testimoni, e lo descrissero ai carabineri. Occhi, naso, capelli, corporatura, altezza, zigomi. Ne venne fuori un identikit che lo ritraeva quasi a perfezione e lui stesso si riconobbe sul disegno pubblicato dai giornali. Così andò di tutta fretta dal capo della Stidda gelese: "*Mi serve un altro paio d'occhiali, devo sviare i sospetti*". Dalla cassa comune vennero tirate fuori due banconote da centomila per correre ai ripari. Il tempo ha fatto giustizia lo stesso.

VINCENZO SALVATORI
Metronotte. Agrigento: giugno 1991. Aveva 38 anni.

L'estate agrigentina era appena iniziata da una settimana, le scuole avevano già chiuso, molte famiglie ad Agrigento avevano anche lasciato le case in città e ripulito le abitazioni a San Leone per trascorrervi i mesi estivi. Per Vincenzo Salvatori, Ignazio Salemi e Carmelo Cinquemani invece quella era una giornata come tante altre e le ferie erano ancora piuttosto lontane. Alle nove erano partiti dalla Banca d'Italia con il furgone della loro ditta di trasporti di valori, da cui erano stati assunti come vigilantes. Quella mattina avevano preso in custodia i plichi contenenti soldi e valori e avevano imboccato la strada per Favara per fare svariate consegne ad agenzie di credito di quel paese. Un tragitto che i tre vigilantes avevano fatto spesso e tante volte anche insieme.
Arrivati alle porte di Favara, in contrada Petrusa, da una traversa sbucò fuori un autocarro rosso (un Iveco che risulterà rubato), che si pose davanti il furgone della ditta "Saetta". Salvatori, che era alla guida del furgone portavalori, intuì il pericolo: tentò il tutto per tutto innestando la retromarcia. Ma la strada gli viene sbarrata da una Citroen Bx bianca. Seguono per i tre vigilantes interminabili momenti di terrore: dal camion rosso scendono in quattro con il volto coperto da calzamaglia. Si avvicinano velocemente al furgone e fanno fuoco innanzitutto in direzione di Vincenzo Salvatori che ha il vetro del finestrino abbassato

e le mani sul volante per tentare di portare il furgone verso una via di fuga. Su Vincenzo cade una pioggia di piombo e il giovane muore all'istante. Un proiettile raggiunge Ignazio Salemi che siede accanto a lui, ma miracolosamente fa da scudo al suo cuore il portafogli che si trova nella tasca della giacca dove il proiettile si conficca, fermando la sua corsa. Un altro proiettile invece lo raggiunge ad un braccio all'altezza della spalla. Rimane ferito e dolorante. Il terzo metronotte, che siede dietro, Carmelo Cinquemani, riesce, intanto, con la radio ricetrasmittente portatile ad avvisare la centrale. I ladri capiscono che hanno poco tempo a disposizione: con alcune pesanti mazze cercano di infrangere i vetri blindati del furgone. Provano più volte, ma quando capiscono che è del tutto inutile, e che è diventato pericoloso continuare a rimanere in un'arteria comunque trafficata, si danno alla fuga senza riuscire a rubare una sola lira. Quando arrivano carabinieri e polizia per Vincenzo Salvatori non c'è più nulla da fare. Aveva 38 anni, lasciava due bambini e la moglie Concetta Mantisi, di 32 anni.

La tentata rapina era stata decisa in un summit della Stidda. Racconta uno dei collaboratori di giustizia di Gela, Simon Iannì (aveva appena 15 anni quando compì il primo omicidio) che quella era stata una decisione "interprovinciale" e i soldi sarebbero stati investiti nell'acquisto di droga e armi. Dell'agguato sono stati incriminati Gianmarco Avarello (Canicattì), Giuseppe Croce Benvenuto (Palma di Montechiaro), Orazio Paolello (Gela), Alfredo Sole (Racalmuto).

AJMED BIZGUIRNE
Ambulante. Racalmuto 23 luglio 1991. Aveva 24 anni.

Aveva attraversato il mare, come tanti, per fuggire un destino di disperazione e di miseria nella sua Casablanca (Marocco), dove aveva studiato, ma senza trovare un lavoro. Così per la sua famiglia era diventato solo un'altra bocca da sfamare. Aveva passato il Canale di Sicilia per riparare sotto i tetti di un paese che credeva tranquillo: Racalmuto, il paese della ragione.

Ajmed Bizguirne, ventisei anni, la testa incorniciata da folti capelli ricci, era un tipo molto socievole. Questo carattere, così estroverso, lo aveva aiutato ad imparare presto la lingua italiana: non molto, per la verità. Ma aveva cominciato a capire e ad esprimere qualche incerta frase in italiano. Quanto bastava comunque per riuscire a vendere in piazza qualche tappeto. Abitava ad Aragona, quel giorno a Racalmuto aveva trovato anche il suo concittadino Moustafà Rammouva e altri giovani del nord Africa in cerca di fortuna.

La sera del 23 luglio del 1991 la piazza del paese era piena di gente. C'erano anche molte famiglie di emigrati tornate dai parenti per le vacanze estive dopo essere state costrette a lasciare il paese per la crisi provocata dalla chiusura delle miniere di salgemma.

C'era in piazza Umberto un'animazione, comunque, piacevole e spensierata. Un buon auspicio per qualche affare, pensava Ajmed che quel giorno era riuscito a piazzare la bancarella proprio davanti alla Matrice. Il posto più frequentato.

Solo che quella sera c'erano un paio di giovani che a Racalmuto non erano venuti per fare lo "struscio".

Le campane della Chiesa avevano appena suonato le dieci di sera. In piazza c'era il pienone, i tavolini davanti ai bar al completo, sulle scale della Matrice gruppi di ragazzi e qualche coppietta riempivano i gradini.

La tragedia arrivò come un improvviso temporale estivo. In un baleno le strade piene di gente divennero vuote e silenziose.

Due killer della mafia, pistole in pugno, raggiunsero la Matrice. Avevano un obiettivo preciso, si chiamava Luigi Cino. L'uomo stava seduto davanti al circolo di Mutuo Soccorso, non immaginava certo che nascosti tra la folla c'erano due sicari, con le calibro nove, pronte a fare fuoco contro di lui. Da quando una spietata guerra di mafia era iniziata in provincia di Agrigento neppure a Racalmuto si poteva stare tranquilli. Meno di tutti nel paese di Sciascia poteva stare tranquillo il sessantenne Luigi Cino, amico di Alfonso Alfano Burruano, in odore di mafia, anzi secondo certe indagini era lui il capomafia di Racalmuto e per questo ucciso il 26 gennaio del 1991 davanti la sua casa, in contrada Cometi. Pochi giorni dopo Luigi Cino avrebbe preso il suo posto ed era così diventato il nuovo bersaglio della cosca emergente. Dall'inizio dell'anno si contavano una quarantina di morti ammazzati. La vecchia pax era oramai un ricordo, nessuno poteva stare tranquillo. Neppure nell'affollata Racalmuto.

I sicari attraversarono la piazza della Matrice, incrociarono gli sguardi di decine di ragazzi in vacanza, quelli dei soci del circolo del Mutuo Soccorso e dei marocchini dinanzi alle grate della Chiesa Madre. Avevano preparato ogni gesto, ogni momento. Centrarono Luigi Cino con una serie ripetuta di colpi, la vittima cadde davanti il portale di ferro della Chiesa Madre. I killer non avevano ancora finito la loro missione. C'era altro sangue da versare, quello di Salvatore Gagliardo, camionista. Fuggì vedendo l'amico Cino stramazzare a terra. Di corsa scese le scale che portano in piazza Castello. I killer, però, avevano osservato i suoi movimenti. Lo seguirono colpendolo con determinazione, ma poca precisione e i proiettili colpirono e ferirono Mustafà Rammouva (il marocchino amico di Ajmed), insieme al racalmutese Lillo Marino, di 58 anni. Il commando spara ancora, stavolta contro un altro camionista del paese, Diego Di Gati, di 37 anni. Compiuta la missione di morte i killer si dileguarono infilandosi in una stradina dove pronto ad attenderli c'era un complice. Al loro arrivo l'auto sgommerà verso la statale 640. In piazza la gente è nel panico per quella mattanza. Cerca un riparo, fugge, si guarda intorno allibita. Si scopre che c'è un altro corpo vicino ai gradini della chiesa, dietro una delle bancarelle dei *vu'cumprà*. Sopra una larga macchia di sangue c'è Ajmed Bizguirne. I riccioli neri sono diventati rosso scarlatto. Un proiettile vagante lo ha fulminato alla testa portandosi dietro le speranze del giovane studente di Casablanca con in tasca neppure i soldi per il funerale. Ci penserà il Comune di Racalmuto a pagare il viaggio dei poveri genitori venuti a recuperare la salma del ragazzo e le spese funebri.

Scrive il pm Ambrogio Cartosio, della Direzione distrettuale antimafia: *"Durante il processo per la prima strage di Racalmuto, il padre del giovane marocchino caduto innocente sotto i colpi esplosi dagli stiddari ha assistito alle udienze vestito con l'abito tradizionale del suo Paese, con atteggiamento di grande compostezza e considerazione, chiaramente interpretabile come un atto di completa fiducia verso l'istituzione giudiziaria italiana, dalla quale si attendeva gli venisse resa giustizia. Gli assassini di suo figlio sono stati tutti condannati".*

PAOLO BORSELLINO
Imprenditore. Lucca Sicula: 21 aprile 1992. Aveva 31 anni.

È il secondo di tre figli. Nasce a Lucca Sicula il 3 novembre del 1961, si sposa giovanissimo con una ragazza del paese. Nascono due figli, Giuseppe e Calogero. Paolo si dedica completamente al movimento terra e con il padre crea una piccola impresa di calcestruzzi: sarà l'inizio della fine. Alla proposta mafiosa di cessione di quote aziendali, in sintonia con il padre, risponde di "no", nonostante le difficoltà economiche dell'azienda sembrassero insuperabili. Sulle soglie del fallimento padre e figlio sono, però, costretti a cedere metà dell'azienda a un gruppo di imprenditori della zona. A quel punto hanno inizio le manovre per estrometterli dall'impresa. Al loro rifiuto corrisponderà la morte di Paolo Borsellino. Aveva 32 anni.

(Un testo sulla storia della famiglia Borsellino alla pag. 82)

PASQUALE DI LORENZO
Agente di Custodia. P. Empedocle: 14 ottobre 1992. Aveva 45 anni.

Pasquale Di Lorenzo nacque a Sipigiano di Galluccio, in provincia di Caserta, l'1 giugno 1947. Sovrintendente penitenziario, prestava servizio presso la casa circondariale di Agrigento. Il suo lavoro consisteva nel fare rispettare l'ordinamento penitenziario ai detenuti. Sposato, padre di due figlie, conosciuto "come persona di forte carattere" non era incline a compromessi. Utilizzava le ore libere del lavoro per coltivare una sua grande passione, l'addestramento di cani da difesa che svolgeva in un appezzamento di terra che aveva comprato in contrada Durrueli di Porto Empedocle. È stato riconosciuto "Vittima del Dovere" ai sensi della legge 466/1980 dal Ministero dell'Interno. In data 16 giugno 2003 gli è stata conferita dallo stesso dicastero la medaglia d'oro al merito civile. La morte venne decisa dalla cupola regionale di Cosa nostra contro il carcere duro a cui venivano sottoposti gli uomini d'onore nei penitenziari di massima sicurezza di Pianosa e dell'Asinara. Totò Riina ordinò di uccidere un agente di custodia per provincia. Ad Agrigento la scelta cadde su Pasquale Di Lorenzo, uno tra i più integerrimi del carcere di San Vito. Racconta in aula l'ispettore Giuseppe Plano: *"Con Di Lorenzo o era "sì", o era "no"*.

Per anni la sua morte è stata considerata una controversia legata al mondo degli allevamenti dei cani. Per qualche tempo si pensò anche alla pista passionale. L'inchiesta venne così archiviata, portandosi dietro i mille dubbi e le perplessità. Poi, per fortuna, Alfonso Falzone, vicecapo della famiglia mafiosa di Porto Empedocle si pentì: *"L'ho ucciso io"*. La confessione, inaspettata e imprevista, restituì dignità alla figura di un sottufficiale servitore dello Stato.

Ecco la ricostruzione del delitto attraverso le carte processuali

Nelle prime ore del mattino del 14 ottobre del 1992 in contrada Durrueli di Porto Empedocle e, precisamente in via degli Abeti, strada senza uscita a monte della strada statale 115, venne rinvenuto il cadavere del sovrintendente della polizia penitenziaria Pasquale Di Lorenzo. Il cadavere giaceva a terra, disteso sulla schiena, con i piedi rivolti verso il cancello di uscita di un appezzamento di terreno recintato e la testa verso l'autovettura Giulietta Alfa Romeo di colore nero, di proprietà dello stesso Di Lorenzo. Il cadavere presentava visibili segni di ferite di arma da fuoco al torace e al capo. Di Lorenzo utilizzava quel terreno per l'addestramento di cani da difesa. Sui sedili posteriori dell'autovettura, al momento dell'intervento degli agenti, si trovava ancora il cane pastore tedesco del Di Lorenzo.

Dopo la rimozione del cadavere venivano ritrovate sotto il capo della vittima due ogive di grosso calibro, fortemente deformate. Tale circostanza indusse a ritenere che i colpi fossero stati sparati quando il Di Lorenzo si trovava già a terra. Secondo una prima ricostruzione la vittima aveva lasciato la propria abitazione intorno alle ore 10 del precedente giorno per recarsi nella casa ove custodiva e addestrava i cani. Non fece rientro a casa, la moglie inizialmente non se ne preoccupò perché era sua abitudine fare tardi quando si recava al canile. Ma non era mai accaduto che restasse fuori tutta la notte. La moglie, così, aspettò le prime ore del mattino per telefonare ai vicini di casa per chiedere notizie. Fu così che scattò l'allarme. La vittima prestava servizio presso la Casa Circondariale di Agrigento dove svolgeva le funzioni di comandante di reparto. Aveva una personalità forte ed era conosciuta come persona particolarmente risoluta anche nel rapporto con i detenuti. La sua irreprensibile personalità aveva, a volte, scatenato la reazione dei detenuti che mal tolleravano il suo rigore nel lavoro. Nel periodo in cui il Di Lorenzo aveva svolto le funzioni di reggente della casa circondariale di Agrigento, si trovavano nell'istituto penitenziario anche detenuti appartenenti ad associazioni per delinquere di stampo mafioso, non essendo ancora in vigore la normativa introdotta con l'art. 41 bis. Le indagini svolte successivamente sull'omicidio non pervennero all'individuazione dei responsabili del grave fatto di sangue.

Su tale delitto ha reso dichiarazioni il collaboratore di giustizia Falzone Alfonso, il quale si è spontaneamente autoaccusato dell'omicidio, rivelandone il movente, i mandanti, nonché il nominativo del correo che, assieme a lui, ne è stato esecutore materiale.

Nell'udienza del 17 dicembre del 1999, nel corso dell'esame condotto dal pm, Falzone testualmente dichiara:

DOMANDA - Signor Falzone, lei sa qualcosa dell'omicidio del brigadiere Di Lorenzo Pasquale?

RISPOSTA - *Sì.*

DOMANDA - Si ricorda quando venne commesso questo omicidio?

RISPOSTA - *Nell'ottobre del '92.*

DOMANDA - Allora ci riferisca quello che sa.

RISPOSTA - *Un giorno trovandomi da Fragapane Salvatore si parlava di un imminente delitto riguardante un agente di custodia, in quanto era venuto da Palermo l'ordine di ucciderne uno per ogni carcere. Si scelse il brigadiere Di Lorenzo in quanto costui oltre che essere agente di custodia si comportava male nei confronti dei detenuti di Agrigento.*

DOMANDA - Mi dica una cosa, intanto chi scelse il brigadiere Di Lorenzo come vittima di questo omicidio?

RISPOSTA - *Fragapane Salvatore.*

DOMANDA - Vorrei che lei chiarisse il collegamento tra questi maltrattamenti di cui ha parlato e la scelta di uccidere il brigadiere Di Lorenzo.

RISPOSTA - *Dunque, quando si è parlato di questo omicidio, Fragapane ci ha detto che era venuto da Palermo l'ordine di uccidere un agente di custodia per ogni carcere, in quanto, quando i detenuti per la strage di Falcone e Borsellino furono portati a Pianosa erano maltrattati, e per dare l'esempio a questi agenti di custodia si doveva uccidere un agente per ogni carcere. Si pensò al brigadiere Di Lorenzo in quanto costui si comportava male nei confronti dei detenuti.*

DOMANDA - Ecco, questo comportarsi male del brigadiere Di Lorenzo con i detenuti c'entra qualcosa con i maltrattamenti dei detenuti a Pianosa e in altre carceri di massima sicurezza?

RISPOSTA - *No.*

DOMANDA - Quindi era stato scelto come simbolo?

RISPOSTA - *Sì.*

DOMANDA - Però tuttavia si sapeva che era uno che maltrattava a sua volta?

RISPOSTA - *Sì.*

DOMANDA -. Senta, tra i detenuti maltrattati a Pianosa o in altre carceri di massima sicurezza, gli venne fatto qualche nome?

RISPOSTA - *Sì, il Fragapane ha fatto il nome di Michele Greco, dice che lo trattavano male, lo prendevano a colpi di manganello. Ha parlato solo di lui*

DOMANDA - Queste notizie da chi le aveva apprese Fragapane?

RISPOSTA - *Dunque, in quel periodo c'era Salvatore Riina ancora libero e poi so che Salvatore Fragapane aveva dei rapporti stretti sia con Leoluca Bagarella che con Matteo Messina Denaro che certe volte si recava pure a trovarlo a Santa Elisabetta.*

DOMANDA - Questo Matteo Messina Denaro chi è?

RISPOSTA - *Un uomo d'onore di Castelvetrano.*

DOMANDA - Bene, ci dica allora come si è organizzato l'omicidio.

RISPOSTA - *Si sapeva dove abitava il brigadiere Di Lorenzo. Venne deciso di farlo "vicino casa sua". Però siccome dove abitava lui era una cooperativa dove risiedevano altri agenti di custodia, veniva un po' difficile. E questo si è lasciato stare. Poi in seguito, dopo qualche giorno ci venne detto che il brigadiere Di Lorenzo teneva una casetta in campagna fra Porto Empedocle e Realmonte dove allevava dei cani, e così si è pensato di farlo lì che era una zona meno esposta. Ci siamo organizzati, fatto degli appostamenti. Dove c'è la casa di campagna del brigadiere Di Lorenzo, in fondo c'è una montagna da dove si vede perfettamente tutto: l'abitazione, i movimenti che fa, gli orari di quando esce. E così per un paio di giorni io e Gerlandino Messina ci preparammo all'agguato. Messina fu contattato da Luigi Putrone, ma prima di coinvolgerlo Putrone parlò con lo zio di Gerlandino, Giuseppe Messina. Avuto il benestare poi si incontrò con me...*

DOMANDA - Scusi, lei come lo sa che Luigi Putrone parlò con Giuseppe Messina?

RISPOSTA - *Perché lo disse direttamente a me. Siamo stati due giorni a guardare dalla montagna i movimenti che faceva il brigadiere Di Lorenzo e vedevamo a che ora suppergiù se ne andava. Ci siamo dati appuntamento con Gerlando Messina la sera in cui fu fatto l'omicidio. Lo aspettavo a Realmonte, quando io sono uscito dalla casa della mia fidanzata, verso le dieci e mezzo di sera. Ho lasciato la mia macchina e con quella di Gerlandino siamo andati verso la montagna dove lui aveva già nascosto le armi dietro dell'erba.*

DOMANDA - Le armi nell'erba quando le aveva messe Gerlando Messina?

RISPOSTA - *Nel pomeriggio. Siamo arrivati là verso le undici di sera e abbiamo visto che la luce della casa di campagna del brigadiere era accesa. Siamo rimasti un po' là, abbiamo visto...*

DOMANDA - "Siamo rimasti là" significa dove, esattamente?

RISPOSTA - *Nella montagna. Poi dopo mezz'ora abbiamo visto che aveva spento le luci il brigadiere e così siamo scesi dalla montagna e ci siamo appostati di fronte alla casa del brigadiere Di Lorenzo, che c'era un villino disabitato. Ci siamo divisi, lui da un lato e io dall'altro lato. Siamo rimasti che prima doveva sparare lui e quando finiva dovevo uscire io per finirlo. A un certo punto ho sentito i colpi del Messina e sono uscito da dove mi trovavo. Il brigadiere era già a terra, gli ho sparato altri tre, quattro colpi. Poi ce ne siamo andati risalendo di nuovo la montagna.*

Venuta a conoscenza della notizia che erano stati individuati gli assassini del marito la moglie di Pasquale Di Lorenzo, Angela Cillis, attraverso uno scritto firmato dalle figlie, si lasciò andare in un breve e composto sfogo:

"Ho appreso dal telegiornale che hanno arrestato gli assassini di mio marito, Pasquale Di Lorenzo. "È la fine di un incubo. È la risposta a tutte le mie preghiere degli ultimi anni. Io ho sempre saputo che l'unico

motivo per la fine così tragica di mio marito era il suo modo irreprensibile di svolgere il suo lavoro all'interno del carcere. Altri motivi non ci sono mai stati, nè potevano essercene perchè la nostra vita era sotto gli occhi di tutti. La mattina al lavoro, insieme, e di pomeriggio in campagna poichè mio marito, grande amico degli animali ed appassionato di cani pastore tedesco, si era creato la sua oasi coinvolgendo me e le nostre due figlie in questa magnifica esperienza. La nostra vita avrebbe potuto scorrere così serena ancora a lungo in una città bella come Agrigento, se qualcuno, credendo di essere arbitro della vita degli altri, sostituendosi a Dio, non avesse deciso diversamente. Secondo me, chi semina tanto dolore intorno a sé non merita nemmeno di vivere ma, essendo io stessa contro la pena di morte, posso solo augurare a queste persone che le grida di dolore (soprattutto dei figli di queste povere vittime, colpevoli solo di fare il loro lavoro) diventino il loro incubo per il resto della loro misera vita. Al di là di questo, sono felice soprattutto perchè finalmente si potrà ridare giusta dignità alla memoria di un uomo che in vita ne ha avuta tanta e che ha fatto dell'onore la sua bandiera".

Per l'omidicio del sottufficiale della polizia penitenziaria sono stati condannati: Alfonso Falzone, Gerlandino Messina, Luigi Putrone e Salvatore Fragapane.

GIUSEPPE BORSELLINO
Imprenditore. Lucca Sicula: 17 dicembre 1992. Aveva 54 anni.

È il padre di Paolo, ucciso appena otto mesi prima. Nasce a Lucca Sicula il 15 febbraio del 1938 da una famiglia di origine riberesi, poi trasferitasi stabilmente a Lucca Sicula. Comincia a lavorare molto presto per far fronte alle necessità economiche della famiglia. Si sposa giovanissimo, a 18 anni, con Calogera Pagano, sua coetanea. Dal loro matrimonio nasceranno tre figli: Antonella, Paolo e Pasquale. Dopo vari lavori andati più o meno bene, si dedica alla sua ultima professione: piccolo imprenditore-operaio con la gestione di una piccola impresa di calcestruzzo assieme al figlio Paolo. Il passo è fatale: il mercato imprenditoriale della zona deve essere sotto controllo mafioso, e un'impresa libera rappresenta un rischio e, allo stesso tempo, una risorsa da acquisire a qualunque costo. Viene ucciso perché rivela alla magistratura nome e cognome dei mandanti e degli uccisori del figlio Paolo. Agli inquirenti ricostruisce gli intrecci tra mafia, affari e politica dell'hinterland lucchese di quel periodo. Aveva 54 anni.

La morte di Giuseppe Borsellino e del figlio Paolo viene ricostruita dal nipote Benny Calasanzio (figlio di Antonella Borsellino) attraverso questo testo che induce ad una profonda riflessione sulla vicenda e sul contesto in cui maturò.

BORSELLINO? ERANO IN TRE

Ero molto piccolo quando mio zio e mio nonno vennero uccisi. Dell'omicidio di mio zio Paolo Borsellino, non ricordo praticamente nulla. Però, dopo solo otto mesi uccisero mio nonno, e allora fu come svegliarsi di colpo, fu come perdere un'innocenza e una verginità intellettuale incapaci di comprendere tanta spietatezza. Da lì cominciai a ricordare e ad accumulare immagini, sguardi e silenzi che mi diedero una chiara consapevolezza di cosa fosse realmente la mafia. Un episodio in particolare mi è rimasto bene impresso e che, in una sorta di lucida schizofrenia, ho di fronte quotidianamente. Fu la prima volta che ebbi a che fare con quella "cosa nostra" che a sette anni vedevo rappresentata nei disegni come una piovra, con tentacoli ovunque, ma che vedevo saldamente relegata nella carta, nei libri, lontano da me. Ero nella sala d'aspetto di un pediatra ed ero seduto sulla sedia accanto a mia madre. Ricordo che muovevo i piedi, che ancora non toccavano terra: avanti e indietro, come fanno candidamente i bambini spensierati. Aspettavamo il nostro turno per una visita di routine. Poi sentii il rumore della jeep di mio padre. Lo vidi scendere lo scivolo che portava alla sala d'aspetto con gli occhi gonfi. Mia madre non ebbe bisogno di una parola. Riuscì solo a urlare: "mio padre!". Quella fu la conclusione di un conto rimasto aperto dopo l'omicidio di mio zio Paolo (fratello di mia madre), avvenuto otto mesi prima. In quel momento capii anche che Cosa nostra non lasciava mai capitoli aperti. Non ricordavo però quando quel conto era stato aperto, quando Paolo e Giuseppe Borsellino osarono dire no a quella organizzazione criminale che riduce i siciliani in tanti piccoli schiavi di un padre-padrone eternamente senza nome.

Ma andiamo con ordine. Negli anni, dei due omicidi in casa quando c'ero io se ne parlò raramente. Da mia madre il discorso non fu mai affrontato direttamente. Ma vedevo quotidianamente i segni che quei lutti provocarono su di lei e su tutta la famiglia. Neanche mio zio me ne parlò mai. In seguito venni a sapere che in quegli anni, mentre io ancora giocavo e disegnavo, loro avevano portato avanti la battaglia che mio nonno Giuseppe aveva iniziato la notte stessa dell'omicidio di mio zio Paolo. Nei loro silenzi protettivi, loro lottavano, andavano alle manifestazioni in giro per la Sicilia, a "Rosso e Nero" di Michele Santoro, da Tano Grasso. Mio zio scriveva all' on. Luciano Violante (che non gli rispose mai). Leggendo requisitorie, fascicoli dell'inchiesta e articoli di giornale ho potuto avere chiara una storia che per tanto tempo è stata giustamente vissuta come tabù in famiglia nei miei confronti e sulla quale, senza dubbio, le inchieste giudiziarie non hanno fatto abbastanza luce. Luce che avrebbe potuto dare una minima speranza di fiducia nella giustizia ma che di fatto ci lascia ancora oggi con l'amaro sapore della doppia beffa. Credo fermamente che questa sia prima di tutto una storia di martiri di mafia, e come tale vada raccontata, perchè emergano alla fine, sì la speranza e la voglia di giustizia come risarcimento morale per me e per la mia famiglia, ma anche le responsabilità di chi non ha protetto la scelta coraggiosa dei miei parenti di affidarsi alla giustizia piuttosto che cercare altre vie "non ufficiali". Mi avvarrò nella mia ricostruzione di una lucidissima analisi fatta da mio zio Pasquale (fratello di Paolo e di mia madre Antonella) oggi sposato, con una splendida famiglia e una affermata carriera da psicologo in Veneto.

Per iniziare mi viene in mente il titolo di un articolo apparso tempo fa sul giornale Diario: *"Borsellino? Erano in tre".* Non erano giudici, non avevano deciso di sacrificare la vita per la lotta alla mafia, come aveva fatto il più illustre Paolo. Erano persone normalissime, che lottavano per mantenere una famiglia. Nient'altro. Ma sono diventati eroi quando nella loro normalità e nel loro rifiuto del compromesso hanno saputo dire no a una logica mafiosa che oggi più che mai si scopre attuale, e che spero possa essere sconfitta dalle nuove generazioni, compresa la mia, che hanno e avranno la fortuna di guardare indietro e avere esempi di vita, come Giovanni Falcone, Paolo Borsellino, Giuseppe Impastato e tanti altri. Tra questi altri, a parer mio, ci sono anche mio nonno e mio zio.

Mio nonno, Giuseppe Borsellino, nasce a Lucca Sicula nel 1936, in una di quelle famiglie siciliane nelle quali appena nato devi subito fare del tuo per portare il pane a casa visto che la fame è tanta. Si sposa giovanissimo con mia nonna Lilla e comincia una lunga sequela di lavori andati più o meno bene che lo portano a condurre camion e a fare il trasportatore. Qui la sua vita si intreccia a doppio filo con quella di suo figlio, mio zio Paolo, nato nel 1961 e orientato da sempre verso quel tipo di lavoro "duro", tutto polvere, camion e cemento che ora era diventato anche quello di suo padre. I due cominciano a dedicarsi completamente a ciò che riguarda il movimento terra e il trasporto di inerti. Con un budget poco al di sopra dello zero iniziano questa attività di cui avrebbero condiviso l'inizio e purtroppo anche la fine. Con 39 milioni comprano un piccolo impianto usato per la produzione di calcestruzzo, importo rigorosamente rateizzato. Non ci sono soldi neanche per installarlo. I miei parenti non avevano boss che finanziassero per loro, se li avessero avuti probabilmente avrebbero aperto una bella clinica privata a Bagheria, avrebbero amici "importanti" in Regione e soprattutto sarebbero vivi. Ma mio zio e mio nonno erano un altro genere di persone, un altra "razza". Erano fondamentalmente persone oneste e umili: in difficoltà finanziarie, a tratti disperate, ma oneste. Siamo alla metà degli anni Ottanta, e piano piano l'impresa avvia la sua produzione fornendo materiali prevalentemente ai privati, visto che, stranamente, a contendersi i lavori pubblici della zona di Lucca erano sempre le stesse imprese di Agrigento e Giuliana, come se esistesse un "patto" tra amministrazione e imprese per la spartizione dei lavori. Ma questo non interessa me e non interessava mio zio e mio nonno che lentamente stavano avviando la loro impresa con grandissimi sacrifici. Ma come le regole implicite della sicilianità più ortodossa insegnano, prima di fare qualcosa sul territorio devi chiedere il permesso, devi essere autorizzato da un ente parastatale a cui ogni tanto devi cedere parte del ricavo se vuoi continuare ad essere "protetto": ovvero il "Ministero dei lavori pubblici di Cosa nostra". Non chiedere il permesso ed essere un'alternativa alle imprese "protette" evidentemente non piacque ai vertici e forse fu il primo passo falso. La neonata impresa di calcestruzzi contava quattro operai, disponeva di un capitale minimo e di certo non ambiva a conquistare nessuna posizione dominante nel panorama imprenditoriale della zona. Anzi, furono proprio la situazione economica critica, la scarsità di lavoro filtrata dalle imprese preminenti a essere un segnale per coloro i quali avevano capito da tempo che quella azienda momentaneamente in difficoltà, in quella posizione strategica doveva essere rilevata a qualunque costo. Le offerte non tardarono ad arrivare e questo, si può dire, fu realmente l'inizio della fine. La prima offerta di 150 milioni ricevette come risposta da parte di mio zio Paolo una frase beffarda e tagliente: *"Con quei soldi non vi vendo nemmeno i pneumatici delle betoniere"*. Dopo qualche mese, e dopo evidentemente un'attenta valutazione da parte della cosca di Lucca, giunse ai miei parenti una nuova offerta apparentemente più appetibile: 150 milioni di lire per il 50% dell'impresa. Non si poteva più rifiutare perchè ormai la situazione economica era al collasso. Padre e figlio, di comune accordo, decisero di vendere. Concretizzato l'acquisto il gruppo cominciò a investire subito in mezzi e beni per l'impresa, in modo tale da aumentare il capitale sociale e costringere i miei parenti a cedere ulteriori quote, fino a metterli fuori gioco:

l'obiettivo era quello di liberarsi dei Borsellino il prima possibile e in qualunque modo. I rapporti, come prevedibile, si deteriorano da subito. Gli alberi dei nostri terreni cominciarono a essere tagliati, i camion a essere incendiati e le minacce si moltiplicavano ogni giorno. Le pressioni per abbandonare l'impresa non erano più tanto implicite, e più volte, anche davanti ad altre persone, mio zio e mio nonno furono minacciati. Ma la morte era lontana dai pensieri della nostra famiglia. Non potevano arrivare a uccidere un uomo per un'impresa, al massimo avrebbero provato a spaventarlo. È stata questa forse la nostra più grande ingenuità, pensare che se eri onesto non dovevi temere, anche perchè avevi la giustizia accanto. E fu a questo punto che ebbe inizio un breve piano inclinato, sul quale il primo a rotolare fu mio zio Paolo che trovò la morte ad aspettarlo alla fine della sua discesa, era il 21 aprile del 1992. Venne ritrovato con i piedi fuori dal finestrino nella sua Panda parcheggiata in uno dei depositi dell'impresa, come se fosse stato ucciso lì. Un bluff. Nonostante il pressappochismo delle indagini si potè intuire che mio zio era stato ucciso in un altro luogo, poi portato in quel posto e nuovamente colpito per completare la messa in scena. Mio zio è morto molto lontano da lì. Quel giorno tornava da Alcamo con un suo amico e compagno di lavoro da sempre: Giuseppe Maurello. Erano andati a ritirare un pezzo di ricambio per il camion, ma la strada del ritorno si è interruppe prima di arrivare a Lucca. Dopo pochi giorni riconsegnarono alla mia famiglia l'auto nella quale fu ritrovato mio zio: c'erano ancora i pallettoni del fucile sotto il sedile, sembrava quasi che non fosse stata neanche esaminata. Era come se i rilievi sul posto del ritrovamento e sull'auto fossero stati volutamente fatti superficialmente. Sembrava, a nostro parere, che non ci fosse mai stata la voglia e la forza di trovare i colpevoli, che non ci siano state indagini svolte seriamente e in maniera ponderata fin dall'inizio, e che non ci sia stata infine una minima apparenza di interesse da parte degli inquirenti ad andare avanti. Mio zio Paolo fu ucciso perchè rappresentava l'ultimo baluardo alla conquista dell'impresa e di tutto ciò che ne sarebbe conseguito visto che nella zona dovevano realizzarsi le canalizzazioni di tre fiumi. Era la prima vera occasione per i neo-soci di entrare nei giri importanti dei lavori pubblici che contavano. E mio zio era l'ultimo problema. Tolto di mezzo Paolo mio nonno si sarebbe zittito e avrebbe ceduto la propria quota e allora gli affari sarebbero potuti decollare. Mio nonno Giuseppe non era un eroe e non avrebbe mai voluto diventarlo, proprio come tutti i veri eroi. La sera stessa dell'omicidio, quando i miei genitori ancora dovevano raggiungere Lucca, lui era già in caserma per iniziare a collaborare con la giustizia perchè sapeva tante cose che se fossero davvero state ascoltate e prese in considerazione, almeno mio nonno sarebbe stato salvato e qualcun altro sarebbe in galera. Ma, come scrive mio zio Pasquale "quando in Sicilia uccidono qualcuno si pensa che abbia fatto comunque qualcosa di cattivo, e che la morte se la sia cercata". Questo pensiero sembra aver dato una direzione quantomeno superficiale alle indagini. Mio nonno si recò in caserma e parlò fino a quando non aveva più altro da aggiungere. Descrisse minuziosamente tutte le circostanze, dalle offerte per la cessione dell'impresa, fino alle minacce e ai pedinamenti. Parlò di cosche, delle implicazioni politiche nei malaffari, delle infiltrazioni mafiose della zona, nelle istituzioni, di quello che girava intorno agli appalti e soprattutto quello che riguardava il settore del calcestruzzo. Disse, forse, troppe cose. Troppe anche per un giudice. Certe cose, si sa, è meglio lasciarle sotto il tappeto, pulire sì, ma fino a un certo punto. Lasciamo nell'ombra ciò che nell'ombra deve restare. Chiaramente dopo poco tempo, per un'accidentale fuga di notizie la sua collaborazione era già di dominio pubblico. Anche per lui il piano cominciò a inclinarsi, ma nessuno ci credette pensando che "*non possono uccidere anche lui*". Negli otto mesi trascorsi fino al giorno del suo omicidio mio nonno quasi quotidianamente si trovò a parlare con gli inquirenti, non lasciò nulla di intentato, chiamò la commissione antimafia, si mise in contatto con il Centro studi "Impastato", cercò magistrati, capitani dei carabinieri, associazioni. Non si fermò un solo minuto fino a quando il pomeriggio del 17 dicembre del 1992 lo fermano altri. Parlò anche con Umberto Santino che mi ha raccontato di una telefonata e del fatto che avevano fissato un appuntamento a Lucca: "Purtroppo gli assassini arrivarono prima". Giorno dopo giorno mio nonno sentì sempre di più la solitudine, non solo da parte di un paese che lo ha completamente lasciato da solo, per paura o per vigliaccheria, ma anche da parte di una magistratura che non lo ha protetto, lasciandolo circondare dagli sciacalli che di lì a poco lo avrebbero raggiunto. "*Prendeteli o quelli mi ammazzano*" implorò gli inquirenti. Fece nomi e cognomi, ricostruì circostanze, ma nessuno venne arrestato. "Sono un morto che cammina" ebbe modo di sentire mia madre dalla sua bocca. Ormai si era rassegnato: barba lunga, vestiti neri, sprofondato in una vecchia poltrona aspettava quella fine che forse solo lui aveva intuito e alla quale andava incontro per porre fine a un dolore che dall'interno, forse lo avrebbe portato via comunque. La morte di mio nonno fu come nel romanzo di Gabriel Garcia Màrquez la "Storia di una morte annunciata": le istituzioni quando non sono nutrite dalla vigoria, dalla forza e dai valori di certi uomini diventano scatole vuote non in grado di aiutare più nessuno. La Prefettura rilasciò a mio nonno l'autorizzazione al porto d'armi per comprarsi una pistola. Lo Stato concesse come unico aiuto l'autorizzazione a difendersi con le armi. Il 17 dicembre 92 mio nonno uscì di casa per comprare le sigarette, chiese al nipote (figlio di Paolo) di accompagnarlo. Ma quel giorno per pura fortuna mio cugino non ebbe voglia di uscire. Parcheggiò la sua macchina di fronte al tabacchino, comprò le sigarette e risalì in auto. Mentre stava per fare retromarcia vide dallo specchietto una moto di grossa cilindrata, una Enduro. Si fermò per lasciarla passare. La piazza era piena di gente. Gente al bar, gente che passeggiava, che guardava, gente che rideva. I due in moto gli affiancarono e gli scaricarono addosso un caricatore di mitraglietta. La pallina aveva terminato la sua corsa su di un piano che ormai era diventato verticale. Mio nonno sapeva tutto, sapeva chi aveva ucciso mio zio, conosceva mandanti ed esecutori. Poteva prendere una pistola e farsi giustizia da solo. Poteva fregarsene di quella giustizia che lo aveva abbandonato e fare una pazzia. Non lo fece, e la fine è nota a tutti. Mia madre ebbe a dire: "Si potevano toccare i proiettili sotto la pelle, sulla spalla" e lì forse mi feci un'idea reale, materiale di ciò che era successo. Faccio mie a questo punto le tre domande che mio zio affidò a un foglio che non aveva un destinatario preciso e che spero lo trovi adesso:

1) Mio zio Paolo è stato ucciso. Mio nonno ha fatto nomi e cognomi, ha descritto fedelmente fatti e circostanze fornendo indizi ben precisi; perchè non è successo niente? Perchè la magistratura non è intervenuta tempestivamente?

2) Se quello che ha detto era tutto falso, perchè allora lo hanno ucciso? Alla luce della morte di mio nonno, le sue dichiarazioni non sono mandati di cattura?

3) Di chi è la responsabilità della sua morte?

Queste sono domande alle quali si deve dare una risposta, perchè non si può accettare che un uomo si fidi della giustizia e che quest'ultima, di fatto, lo consegni, pur senza intenzionalità, nelle mani dei suoi killer.

La mia famiglia a quell'epoca chiese giustizia, "giustizia subito, non quando sembrerà vuota e inutile". Da quei mesi terribili sono passati quattordici anni, che a me sembrano tantissimi. Poi guardo mia madre, mia nonna, mio zio e capisco che per loro è passato poco più di un attimo. Mentre li guardo penso a quanto poco si sia fatto per evitare che la vita di un'intera famiglia venisse resa un inferno, quasi un'attesa faticosa e quotidiana della pace eterna. E guardo a quel paese, Lucca Sicula, che dalle finestre delle case vide prima mio zio già morto depositato su una macchina e teatralmente colpito, e poi mio nonno giustiziato in perfetto stile mafioso in piazza, in pieno giorno. Guardo a quelle persone che con il loro silenzio hanno forse salvato la loro vita, ma che hanno condannato noi a odiare quel paese, a odiare quella gente e quell'omertà che uccide più dei pallettoni che noi, e non gli inquirenti, trovammo nell'auto. Se vieni ucciso per mafia in Sicilia rischi di essere ucciso due volte: dai proiettili e dall'indifferenza. Poi guardo a quella giustizia così appannata, così provinciale a cui mio nonno si affidò per dare un senso alla vita che gli rimaneva, per potere continuare a vivere sapendo di aver fatto di tutto perchè coloro che gli avevano ucciso suo figlio pagassero. Forse fu un terribile sbaglio affidarsi ad un sistema giudiziario frammentario, che di lì a poco, nelle tristi occasioni delle stragi di Capaci e via d'Amelio mostrò tutte le spaccature e le contraddizioni che vi erano al suo interno. O forse era la cosa giusta da fare, dare tutto e subito prima che i killer tornassero a finire il lavoro e lasciare nelle mani dei giudici quanto più materiale possibile per fare giustizia e dare una svolta a quella Sicilia sonnecchiante sotto quel sole che ti spinge a socchiudere gli occhi quando è "giusto" che tu non veda.

Quattordici anni sono passati e la mia famiglia ancora aspetta. Per Paolo ancora non ci sono colpevoli, non ci sono processi e non ci sono imputati. Per mio nonno un killer è in carcere. Può questo bastare a placare il dolore e la rabbia per tutto quello che è successo? Ci si aspetterebbe da noi forse una condanna della giustizia e dei suoi uomini, senza distinzioni, forse sarebbe comprensibile, forse legittima. Ma nonostante tutto, noi come famiglia, da "buoni stupidi idealisti", non riusciamo ancora a rinnegare quella giustizia che ci ha abbandonati. Non riusciamo a dire che la giustizia non esiste, non siamo mai riusciti anche solamente a pensare di affidarci a un altro tipo di giustizia. Anzi, paradossalmente questa storia è un appello, un urlo a fare della giustizia e della legalità i pilastri portanti da cui ricostruire una Sicilia in ginocchio. Voglio dire e sottolineare, e a questo tengo più di tutto, che non ci sentiamo affatto sconfitti dalla mafia, che ci sentiamo orgogliosi di aver avuto dei parenti che hanno avuto il coraggio di dire no a un sistema condiviso e quotidiano che schiaccia i siciliani e li fa sentire paradossalmente protetti. Senza spazio e senza aria, ma protetti.

Mio zio e mio nonno non sono più accanto a noi, è vero, ma quello che hanno fatto è per noi un percorso di fiume ben segnato, dal quale non si può straripare, dal quale non si può anche solo casualmente deviare: è la via della legalità e dell'antimafia, della lotta a quel cancro che sta corrodendo la Sicilia da anni e che non accenna a mollare la presa. È il rifiuto del puzzo del compromesso mafioso, è la voglia di respirare il profumo di una primavera nuova che verrà.

La mafia non è stata sconfitta, e stando alle indagini è presente ai vertici delle istituzioni. È questo che fa più male a chi come noi ha vissuto già una volta sulla propria pelle il significato di "mafia", di cui molti parlano a sproposito e senza averne titolo, nè la necessaria credibilità. Ci fa male vedere un presidente della Regione indagato per favoreggiamento alla mafia, fa male vedere i suoi assessori indagati per concorso esterno in associazione mafiosa.

La strada è ancora lunga, forse ci siamo mossi poco dal 1992. Ma i giovani che ci sono, e quelli che verranno, libereranno la Sicilia nel segno di quegli eroi antimafia che formano il più grande patrimonio che la nostra regione può offrire al mondo. Cominciamo a fare tutti qualcosa.

Benny Calasanzio
benny_calasanzio@hotmail.com

CARMELO ANZALONE
Falegname. Racalmuto: 5 novembre 1992. Aveva 32 anni.

Era ritornato al paese per la ricorrenza dei morti, come ogni anno. Carmelo Anzalone prendeva il treno a Viterbo, dove era emigrato e dove lavorava ormai da diversi anni. Arrivava una settimana prima della festività dei defunti a Racalmuto. L'aspettava contenta la vecchia madre. Trascorreva la mattinata al cimitero per una visita alla tomba del padre, durante il resto della giornata andava in giro a fare visita ai tanti amici e parenti. Organizzava qualche cenetta in casa della madre per "l'augurio" di stare insieme ai suoi paesani. In quel tardo pomeriggio del cinque novembre del 1992 era andato in macelleria per comprare il necessario per la cena che poco più tardi avrebbe cucinato personalmente. Quella parte del paese era sempre animata, perché piena di negozi di vario genere: uno appresso all'altro, lungo la strada, c'era la macelleria, la pasticceria, il bar, la tabaccheria... Carmelo era uscito contento dalla macelleria dopo aver fatto anche quattro chiacchiere con il titolare, gioviale come lui. Stava scendendo alcuni scalini sulla via Garibaldi quando sentì la "maschiata". Solo che non erano fuochi d'artificio della festa per la Madonna del Monte. Erano gli spari di una mitraglietta. Cadde sopra il sacchetto con dentro la carne che aveva appena comprato. Due di quelle maledette pallottole che fischiavano nell'aria lo avevano colpito, senza scampo.

Carmelo Anzalone su quei gradini c'era tragicamente finito nello stesso momento in cui il giovane Giuseppe Macaluso (26 anni) era uscito dal

bar in compagnia del suo amico Luciano Polifemo. L'obiettivo degli assassini era Macaluso, ma non si curarono di aspettare che fosse solo e fecero fuoco senza pietà in quell'angolo della via Garibaldi. Il primo a cadere fu proprio l'innocente Carmelo Anzalone, centrato al petto e al collo. La vittima predestinata, Macaluso, invece, riuscì fortunosamente a sfuggire a quella prima raffica e tentò di darsi alla fuga cercando di raggiungere la propria auto, una Fiat 127. Era rimasto ferito, ma provò ugualmente a difendersi con l'arma che portava addosso. Non fece in tempo a usarla, uno dei due killer lo raggiunse e lo uccise con due colpi ravvicinati alla testa. Luciano Polifemo, proprietario di un negozio di abbigliamento a Racalmuto (che era uscito dal bar assieme a Macaluso e con lui stava facendo quattro passi prima di tornare al negozio) era scampato alla prima serie di colpi, e aveva tentato di allontanarsi dalla zona del fuoco mafioso. Forse per lo scrupolo di non lasciare testimoni o per ragioni mai ben individuate, l'altro killer gli si avvicinò e lo uccise con una pallottola alla testa. Vittima di una cattiva frequentazione.
Il fuoco della mitraglietta aveva anche sfiorato e ferito due giovani che si trovavano seduti dentro una macchina in sosta in via Garibaldi. Guariranno in dieci giorni. Nella zona dell'agguato alla fine vennero trovati 52 bossoli. Molti ancora ricordano il pianto straziante dell'anziana madre di Carmelo Anzalone, lavoratore onesto, figlio affettuoso, con un destino amaro.

GIULIANO GUAZZELLI
Carabiniere. Agrigento: 4 aprile 1993. Aveva 61 anni.

Il maresciallo dei carabinieri Giuliano Guazzelli, collaboratore del giudice Livatino in qualità di comandante del nucleo di polizia giudiziaria presso la Procura della Repubblica di Agrigento, venne ucciso il 4 aprile 1992, vittima di un agguato che lo vide raggiunto da numerosi colpi di kalashnikov e di lupara mentre era a bordo della sua autovettura. Era nato a Gallicano (Lucca) il 6 aprile del 1932. Arruolato giovanissimo nell'Arma dei carabinieri, si era stabilito nel 1954 a Menfi. Conosciuto e stimato per le doti di investigatore, era soprannominato il "mastino", per la tenacia con cui portava avanti ogni indagine. "Memoria storica" della mafia nell'Agrigentino e con una profonda conoscenza del fenomeno mafioso nell'intera isola. Era un uomo di grandi principi morali ed etici, lavoratore instancabile. Dopo di lui caddero, il 23 maggio e il 19 luglio dello stesso anno, Giovanni Falcone e Paolo Borsellino.

Alla memoria gli è stata dedicata la medaglia d'oro al valor civile. Con questa motivazione: *"Sottufficiale di elevatissime qualità professionali, impegnato in delicate attività investigative in aree caratterizzate da alta incidenza del fenomeno mafioso, operava con eccezionale perizia, sereno sprezzo del pericolo e incondizionata dedizione al dovere e alle Istituzioni, fornendo costanti e determinanti contributi alla lotta contro la criminalità organizzata fino al supremo sacrificio della vita, stroncata da proditorio ed efferato agguato criminale. Eccelso esempio di preclare virtù civiche ed altissimo senso del dovere"*. Agrigento, 4 aprile 1992.

Ecco la ricostruzione dell'omicidio attraverso gli atti processuali.

Il 4 aprile del 1992, intorno alle ore 12,45, il maresciallo Giuliano Guazzelli terminato il proprio turno di lavoro al Palazzo di Giustizia, si era fatto accompagnare con l'autovettura di servizio presso la caserma del comando provinciale di Agrigento dove era solito lasciare la propria Fiat Ritmo parcheggiata nello spazio riservato.

Dall'area di parcheggio Guazzelli si spostò imboccando la vicina via Gioeni, la percorse verso via S. Stefano e infine si diresse verso il viadotto Morandi per immettersi nella statale 115 per raggiungere Menfi, dove risiedeva con la moglie ed i tre figli. A cento metri dalla fine del viadotto, però, l'autovettura venne bloccata da un commando e investita da una violenta pioggia di fuoco esplosa da una arma automatica caricata a raffica (kalashinikov) e da una arma corta. Guazzelli venne raggiunto da diversi colpi d'arma da fuoco al corpo e al capo che, oltre a sfregiarlo orrendamente, l'uccisero sul colpo.

Interrogati, i testimoni riferirono di avere visto nella parte finale del viadotto, in direzione Porto Empedocle, un furgone bianco, posto sulla destra della carreggiata, davanti alla Fiat Ritmo del maresciallo, per bloccarne il passaggio. Dalla parte posteriore videro scendere un individuo con il volto coperto da un passamontagna che esplose diversi colpi con un mitra, e un altro killer che sparava con la pistola.

I testimoni riferirono, inoltre, che nel fuggire a bordo del furgoncino uno dei due sicari era inciampato ed era caduto per terra. Due giorni dopo l'agguato, verso le ore 13,30, in via dei Borboni in contrada Poggio Muscello (zona Villaggio Mosè), la polizia rinvenne una autovettura Renault Express furgonata, di colore bianco, abbandonata ai margini di un campo di grano, risultò rubata il 31 marzo del 1992. Era l'autovettura usata per commettere il delitto.

Il primo processo. Le prime indagini si focalizzavano sulla personalità dell'ucciso ritenuto investigatore attento e preparato, vera e propria "memoria storica" di tutti i fatti criminali più gravi avvenuti non solo in provincia di Agrigento ma in tutta la Sicilia occidentale. Venne evidenziata l'intensa attività investigativa svolta dal sottufficiale in occasione dell'uccisione del giudice Rosario Livatino. In quella occasione la pressione investigativa del sottufficiale si era fatta particolarmente intensa nei confronti dei gruppi "stiddari" di Palma di Montechiaro e Camastra. Le indagini subirono una svolta particolarmente significativa con la collaborazione con l'autorità giudiziaria di alcuni componenti della "stidda": Leonardo Canino, Gioacchino Schembri e Giuseppe Croce Benvenuto.

In particolare Canino riferì di avere appreso, nel marzo '92, da Giuseppe Grassonelli dell'imminente esecuzione dell'omicidio di un carabiniere. Nell'occasione Grassonelli gli aveva precisato che il commando omicida sarebbe stato composto dallo stesso Grassonelli, dai palmesi Salvatore Calafato e Gaetano Puzzangaro, nonché da due camastresi, successivamente identificati in Ignazio Alotto e Gioacchino Di Rocco, detto Antonio. Motivo della deliberata uccisione del sottufficiale sarebbe stato l'intensa attività investigativa da questi svolta sulle consorterie mafiose di Palma di Montechiaro e Porto Empedocle. A omicidio avvenuto Canino avrebbe ricevuto la confidenza da Grassonelli che "a uccidere il maresciallo erano stati Calafato e Puzzangaro".

Gioacchino Schembri, da parte sua, disse di avere appreso direttamente da Puzzangaro l'intenzione di questi di uccidere Guazzelli a causa delle investigazioni condotte dal sottufficiale nei suoi confronti per l'omicidio del giudice Rosario Livatino. Successivamente al compimento dell'omicidio, il collaborante, durante una cena tenutasi a Mannheim (Germania) presso il ristorante "Achilles", avrebbe appreso direttamente da Gaetano Puzzangaro e da Diego Provenzani che l'omicidio era stato materialmente commesso da entrambi.

Giuseppe Croce Benvenuto, invece, raccontò che l'organizzazione della "Stidda" aveva deliberato l'omicidio di Guazzelli fin dal febbraio '92, allorquando nella cosiddetta prima riunione di Marina di Palma, presenti lo stesso Benvenuto, Grassonelli Giuseppe, Alletto Croce, Calafato Salvatore e Puzzangaro Gaetano, si era parlato della necessità di uccidere il sottufficiale che "pressava" il Puzzangaro e infastidiva Grassonelli Salvatore, padre di Giuseppe. Il collaborante riferì che del progetto si era riparlato a Marsala, e anche in una seconda riunione tenutasi a Marina di Palma. Il Benvenuto, nell'occasione, consigliò gli associati di attendere il suo ritorno dal Belgio per portare a compimento l'omicidio del sottufficiale.

Al ritorno dal Belgio, dove si era recato per curare una ferita al braccio, il collaboratore constatò però che l'omicidio del maresciallo era stato già commesso, a sua insaputa. Rientrato a Palma di Montechiaro seppe che i suoi compagni si erano rifugiati in Germania per sfuggire alle pressanti ricerche delle forze di polizia.

Sulla base di tali dichiarazioni la Dda di Palermo chiese e ottenne il rinvio a giudizio, avanti la II Sezione della Corte di Assise di Agrigento, di Calafato Salvatore, Provenzani Diego, Di Rocco Gioacchino, Alotto Ignazio, Di Caro Salvatore e Puzzangaro Gaetano. Con sentenza del 30/3/1996 gli imputati, a eccezione di Calafato Salvatore e Di Caro Salvatore, vennero considerati colpevoli del delitto e condannati: Provenzani Diego e Puzzangaro Gaetano alla pena dell'ergastolo, Di Rocco Gioacchino e Alotto Ignazio alla pena di anni 28 di reclusione.

Le dichiarazioni di Salemi Pasquale e le assoluzioni in grado di appello. Nel corso del processo di appello venne riaperta l'istruzione dibattimentale con l'esame dell'imputato di reato connesso Pasquale Salemi (appartenente alla famiglia mafiosa dei Messina-Albanese, dello schieramento di Cosa Nostra) il quale dichiarò di avere appreso da Falzone Alfonso, nel periodo in cui si trovava al soggiorno obbligato in Alessandria della Rocca, che era stata deliberata l'uccisione di Guazzelli per le pressanti investigazioni su Cosa nostra agrigentina.

Successivamente venne a sapere che l'omicidio era stato commesso da un commando composto da Castronovo Calogero Salvatore, Fanara Giuseppe e Focoso Josef. I tre avrebbero agito a bordo di un furgone condotto da Castronovo, dall'interno del quale avrebbero fatto fuoco il Fanara e il Focoso con un fucile mitragliatore kalashnikov e con una pistola cal. 357 o 38 special.

Aggiungeva il collaboratore che Cosa nostra aveva agito in modo da fare ricadere l'attenzione degli investigatori sull'opposto schieramento degli "stiddari". Salemi disse anche che la fuga del commando venne resa più difficile dalla presenza di un elicottero che volteggiava nella zona alla ricerca di una banda di rapinatori che avevano svaligiato una banca a Montallegro. I riscontri gli diedero ragione. Così, sulla base di tale dichiarazione, e sul sostanziale fallimento dei riscontri oggettivi offerti a sostegno delle dichiarazioni dei collaboratori di giustizia appartenenti alla "Stidda", la prima sezione della Corte di Assise di Appello di Palermo assolse gli imputati "per non avere commesso il fatto". La sentenza, non impugnata dalla Procura Generale nei termini, divenne irrevocabile il 16 novembre del 1998.

Le dichiarazioni di Alfonso Falzone. Alle dichiarazioni di Pasquale

Salemi, si aggiunsero poi quelle autoaccusatorie di Falzone Alfonso che mettevano la Dda di Palermo in condizione di iniziare un nuovo processo nei confronti di Capizzi Simone, Castronovo Calogero Salvatore, Fanara Giuseppe, Focoso Josef, Fragapane Salvatore, Messina Gerlandino e dello stesso Falzone Alfonso.

L'imputato collaborante Falzone Alfonso, all'udienza dibattimentale del 17 dicembre del 1999, confermando la confessione resa nella fase delle indagini preliminari, dichiarò:

DOMANDA DEL P.M. È al corrente di un omicidio particolarmente doloroso che ha riguardato il maresciallo dei carabinieri Giuliano Guazzelli. Lei sa qualche cosa di questo fatto?
RISPOSTA FALZONE ALFONSO - *Sì.*
DOMANDA - Ricorda intanto quando è avvenuto?
RISPOSTA - *È avvenuto ai primi di aprile del '92. Dunque, questo omicidio, un giorno, trovandoci sempre nella tenuta di Fragapane Salvatore a Santa Elisabetta, io, Focoso Giuseppe e Castronovo Calogero, parlandoci che si doveva fare una cosa importante, Fragapane parlò di un maresciallo delle forze dell'ordine, però non fece il nome. Ci ha detto solo di tenerci pronti, dovevano partecipare sia Fanara che Castronovo, Focoso e io. Poi, dopo, siccome Castronovo conosceva bene il maresciallo Guazzelli, dopo una settimana, mi sembra, il Castronovo ha fatto conoscere a Focoso il maresciallo Guazzelli. Lo aspettavano, diciamo, all'uscita della caserma e ha fatto individuare chi era il maresciallo Guazzelli. Dopo qualche giorno Focoso lo ha indicato a me, lo ha fatto conoscere a me. Ci siamo recati nella caserma dei carabinieri di Agrigento, l'abbiamo visto uscire. Io l'ho individuato, ho visto la macchina che aveva, una Fiat Ritmo verde. Poi c'è stato un altro incontro nella tenuta del Fragapane e si sono decise le modalità, con quale mezzo si doveva fare questo omicidio. Si è deciso di farlo con un Fiorino per sorprendere, diciamo, il maresciallo, che poteva essere pure armato. Mi ha detto pure che c'era bisogno di un'altra persona per prelevare i killer al momento in cui si doveva fare...*
DOMANDA - Questo che parla chi è?
RISPOSTA - *Il Fragapane Salvatore. Io gli ho detto: "Possiamo dirlo a Gerlando Messina", lui mi rispose: "Va bene, parlaci". Così io dopo che mi sono recato a Porto Empedocle ho parlato...*
DOMANDA - Mi scusi, prima di passare alle fasi esecutive, qualche spiegazione sul motivo per cui si doveva uccidere il maresciallo Guazzelli ve l'ha data Fragapane?
RISPOSTA - *Sì. Poi, dopo l'ultimo incontro, ci ha detto che interessava*

a Simone Capizzi di Ribera in quanto il maresciallo Guazzelli stava facendo delle indagini sugli elementi mafiosi della famiglia di Ribera.
DOMANDA - All'epoca di questa conversazione con Fragapane, Simone Capizzi che ruolo aveva all'interno di Cosa nostra?
RISPOSTA - *Simone Capizzi era, diciamo, candidato a fare il rappresentante della provincia, che poi...*
DOMANDA - Era candidato a fare il rappresentante della provincia.
RISPOSTA - *Però in quel periodo era capomandamento di Ribera.*
DOMANDA - Quindi lei quando ha saputo che la persona da uccidere era il maresciallo Guazzelli?
RISPOSTA - *Dopo il secondo incontro.*
DOMANDA - Cioè?
RISPOSTA - *Dopo che ci siamo riuniti, che il Fragapane ci ha spiegato come si doveva fare questo omicidio, ci ha detto: "Si tratta del maresciallo Guazzelli di...".*
DOMANDA - Però a lei già era stato mostrato Guazzelli.
RISPOSTA - *Sì, però non sapevo come si chiamava. Poi...*
DOMANDA - Ah, ecco. Quindi è il secondo incontro quello in cui lei sa il nome della persona.
RISPOSTA - *È stato dopo una settimana, dieci giorni dal primo incontro.*
DOMANDA - Va bene, può andare avanti.
RISPOSTA - *Allora io ho parlato con Gerlando Messina, però non gli ho spiegato che tipo di omicidio si doveva fare, nè gli ho detto che si trattava di un maresciallo dei carabinieri. Lui ha accettato, dice: "Va bene, quando è il giorno me lo fate sapere". Ricordo che io salivo spesso ad Agrigento per vedere in che orari il maresciallo usciva dalla caserma. Mi sono fatto un'idea.*
DOMANDA - Quali erano questi orari?
RISPOSTA - *Era verso l'una, l'una e mezza di giorno. Il giorno dell'omicidio, ci siamo dati appuntamento dietro il cinema Astor di Agrigento - era di solito là che ci vedevamo - io, Castronovo, Fanara e Giuseppe Focoso. Poi ci siamo fatti un giro per vedere se c'era la macchina del maresciallo. Decidemmo che quel giorno l'omicidio si poteva fare.*
DOMANDA - Che accadde?
RISPOSTA - *Castronovo e Fanara andarono a prendere il Fiorino. Focoso venne a lasciarmi a Porto Empedocle. Ho preso la mia moto, un vespone 125 colore sabbia, con cui mi veniva meglio, diciamo, seguire il maresciallo. Ci siamo dati un orario per vederci, diciamo, nel punto dove doveva passare il maresciallo. È stato deciso fra la via Dante e la*

via Santo Stefano di Agrigento. Focoso, dopo che è andato a lasciare me, ha avvertito pure Messina e gli ha detto l'orario in cui doveva farsi trovare nella zona di Villa Forgia, dove si dovevano prendere i killer dopo l'omicidio e lasciare le armi. Così è stato. Ci siamo dati appuntamento in questo punto della via Santo Stefano, all'incrocio con la via Dante. Io sono salito col vespone ad Agrigento, ho fatto dei giri, vedevo che la macchina del maresciallo era là. Ho comprato pure il giornale, dopo l'una ho visto uscire il maresciallo che era in borghese. Con l'auto raggiunse via Gioeni, vicino alla Standa. L'ho seguito con la Vespa, l'ho sorpassato perché c'era un po' di traffico e lui ha perso un po' di tempo. Sono arrivato prima nel luogo, diciamo, dove avevamo l'appuntamento con il resto del commando. Ho avvicinato Castronovo e gli ho detto che stava prendendo da questa strada, fra un po'... stava passando, dissi. Poi me ne sono andato a Porto Empedocle. Dopo ho saputo come sono andate le cose tramite la tv locale, che subito dopo l'omicidio ha dato la notizia

DOMANDA - Vada avanti.

RISPOSTA - *Nel pomeriggio sono andato a Realmonte dalla mia fidanzata e ho incontrato Focoso che mi ha spiegato come erano andate le cose. Mi ha detto che avevano fatto passare avanti il maresciallo, poi all'uscita della strada che immette verso Porto Empedocle, là c'è una strettoia: l'hanno sorpassato, aperto lo sportello di dietro del furgone e hanno sparato. La macchina del maresciallo si è fermata, loro sono scesi dal Fiorino e hanno sparato di nuovo. Poi, sono risaliti sulla macchina e si sono diretti verso Villa Forgia, dove Messina li aspettava. Lì hanno nascosto le armi, accanto a un bidone della spazzatura, avvolte in un sacco di nylon nero. Le hanno lasciate là e loro hanno proseguito la strada seguiti da Messina.*

DOMANDA - Hanno proseguito la strada con quale macchina?

RISPOSTA - *Sempre col Fiorino ... seguiti dal Messina... sono andati a lasciare la macchina, mi sembra, verso il villaggio Mosè, nella zona della via Cavaleri-Magazzeni perché... Anzi, mi ricordo che Fragapane ci aveva detto di lasciarla là per dare dei sospetti ai palmesi stiddari.*

DOMANDA - Ci spieghi meglio questo concetto, perché quel posto poteva indirizzare verso gli stiddari palmesi?

RISPOSTA - *Perché quella è la strada che conduce a Palma di Montechiaro. Così non potevano sospettare mai, diciamo, di noi che eravamo di Porto Empedocle.*

Per l'omicidio di Guazzelli sono stati condannati: Joseph Focoso, Giuseppe Fanara, Gerlandino Messina, Salvatore Castronovo, Salvatore Fragapane, Simone Capizzi e Alfonso Falzone.

ANGELO CARLISI - CALOGERO ZAFFUTO

Pescivendolo. P. Empedocle: 21 aprile 1993. Aveva 31 anni.
Pescivendolo. P. Empedocle: 21 aprile 1993. Aveva 38 anni.

Erano due pescivendoli di Grotte. L'agguato scattò all'uscita della galleria del Kaos, sulla strada che collega P. Empedocle con Maddalusa e San Leone. Si chiamavano Calogero Zaffuto e Angelo Carlisi, erano andati al porto per acquistare pesce da rivendere a Grotte, il loro paese. Era il 21 aprile del 1993.
Ecco la ricostruzione dell'agguato negli atti giudiziari.

Nelle prime ore del mattino del 21 aprile 1993, agenti della Squadra Mobile di Agrigento intervengono in contrada "Caos" a seguito di segnalazione telefonica pervenuta alla centrale operativa.

All'interno di un autofurgone Fiat Fiorino, c'erano due persone gravemente colpite da colpi di arma da fuoco. Le due persone venivano identificate in Calogero Zaffuto, trasportato in stato di coma in ospedale (morì lo stesso giorno) e Angelo Carlisi, deceduto già prima dell'intervento della polizia. All'interno del furgone vennero rinvenute diverse cassette di pesce. Nel corso della stessa giornata venne ritrovata, bruciata e abbandonata in contrada " Maddalusa", una carcassa di "Alfa 33", risultata rubata in data 8/4/1993 in Agrigento.

I familiari delle due vittime riferirono agli inquirenti che i loro congiunti svolgevano l'attività di venditori ambulanti e ogni mattina Zaffuto (che non aveva la licenza) accompagnava Carlisi al mercato ittico di Porto Empedocle per acquistare il pesce insieme a lui. I familiari riferirono che Carlisi aveva avuto dei contrasti per il furto della sua autovettura. Aveva comprato l'auto e preso in affitto un garage, dentro vi trovò una roulotte che voleva levare per far posto al suo mezzo. Ne nacque una controversia, ricevette anche un'intimidazione telefonica. L'ipotesi degli investigatori è che sia stato ucciso per aver fatto uno sgarbo a un amico di Vincenzo Licata, boss del paese e amico personale di Giovanni Brusca che ospitò nella Pasquetta del 1993 nella sua casetta di campagna. Racconterà poi lo stesso Brusca, dopo il pentimento, che in quella villa trascorse una giornata piacevole alternandosi tra una grigliata di carne e discussioni su mafia e politica.
Quando venne assassinato la moglie di Angelo Carlisi era incinta della terza figlia. Calogero Zaffuto aveva due figli.

All'udienza del 17/12/1999 Falzone Alfonso confermava la confessione già resa nella fase delle indagini preliminari in ordine alla sua partecipazione, nella qualità di esecutore materiale, al duplice omicidio in contestazione.

DOMANDA- Lei sa qualcosa di un duplice omicidio commesso in danno di due persone che di cognome si chiamavano Zaffuto e Carlisi.
RISPOSTA - *Sì.*
DOMANDA - Si ricorda quando è avvenuto?
RISPOSTA - *È avvenuto nell'aprile '93.*
DOMANDA - Può riferirci i fatti che sono a sua conoscenza?
RISPOSTA - *Un giorno mentre mi trovavo nella mia pescheria è venuto a trovarmi Vincenzo Licata. Mi parlò di una persona del paese di Licata che si doveva uccidere, volevano fatto questo favore.*
DOMANDA - Quando lei dice "del paese di Licata" intende parlare della città di Licata, oppure del paese di Vincenzo Licata?
RISPOSTA - *Del paese di Vincenzo Licata, di Grotte. Mi ha parlato di questa persona che doveva essere uccisa e mi ha detto pure che già avevano parlato con Fragapane Salvatore che gli aveva detto di poter parlare sia con me che con Putrone Luigi. Siccome loro erano venuti a trovare Luigi Putrone e non l'hanno trovato sono venuti nella mia pescheria e me l'hanno detto a me, in quanto io sapevo pure che andava a comperare del pesce al molo di Porto Empedocle e potevo trovare direttamente a questa persona, che dice che veniva a comprare del pesce a Porto Empedocle.*
DOMANDA - Quindi la persona che doveva essere uccisa era una sola?
RISPOSTA - *Sì.*
DOMANDA - E chi dei due?
RISPOSTA - *Carlisi. Infatti lui ci aveva detto: "Di solito viene con un'altra persona però quella cercate di risparmiarla".*
DOMANDA - Chi è questo che parla?
RISPOSTA - *Vincenzo Licata. Poi, dopo questa cosa che mi hanno detto, ho parlato con Putrone che mi ha detto: "Senti, è venuto Vincenzo Licata e mi ha spiegato di fare questo omicidio" e che già aveva parlato con Fragapane Salvatore. Gli dissi: "Però informati, vediamo se è vero e poi se c'è da farlo lo facciamo".*
DOMANDA - Di quale Putrone stiamo parlando?
RISPOSTA - *Di Luigi. Lui è andato da Fragapane, che in quel periodo era latitante non mi ricordo bene dove, poi è venuto e mi ha detto che lo potevamo fare. Dopo qualche giorno sono andato al molo, di notte, con la scusa di andare a comprare del pesce per individuare questa persona. L'ho individuato, mi avevano dato anche la targa del Fiorino, ho visto che era venuto insieme a un'altra persona. Il giorno*

stesso ho riferito a Putrone, gli dissi che si poteva fare questo omicidio. L'indomani avevamo appuntamento vicino al palazzetto dello sport.
DOMANDA - Stiamo parlando sempre di Porto Empedocle?
RISPOSTA - *Porto Empedocle. La mattina l'appuntamento era verso le quattro e mezza, le cinque e io dovevo andare a guardare se effettivamente questo veniva quella mattina a comprare del pesce. Sono andato al molo, ho visto che questo era là insieme a quell'altra persona che stava comprando del pesce. Io l'ho lasciato là e sono andato direttamente al posto dove avevamo appuntamento con Luigi Putrone, Giuseppe Focoso e Albanese Giulio. Albanese Giulio che aveva il compito poi di venirci a prendere dopo aver fatto l'omicidio. Li abbiamo affiancati, il Focoso ha sparato un colpo con il fucile e questi sono andati a finire sul lato sinistro nel muretto. Poi sono sceso io e ho sparato altri quattro, cinque colpi in direzione del Carlisi però siccome l'altra persona, lo Zaffuto, era dal lato dove sparavo io, ho colpito pure lui. So che è morto dopo qualche giorno, non è morto subito.*
DOMANDA - Lei l'ha colpito volontariamente?
RISPOSTA - *No, involontariamente, perché sapevo che era innocente e non si doveva ammazzare. Poi siamo andati verso Villa Forgia, in una stradella che in quel periodo mi sembra che non era asfaltata, abbiamo lasciato l'Alfa 33 là, gli abbiamo dato fuoco e siamo saliti a bordo della macchina di Giulio Albanese che ci seguiva. Albanese è venuto a lasciare a me nella macchina dove l'avevo e poi gli altri: sia Focoso che Putrone.*

Per il duplice omicidio sono stati condannati: Luigi Putrone, Joseph Focoso, Vincenzo Licata, Salvatore Fragapane, Giulio Albanese, Alfonso Falzone.

RICCARDO VOLPE
Armatore di peschereccio. Ribera: 23 ottobre 1993. Aveva 52 anni.

Riccardo Volpe, un padre di famiglia di Porto Empedocle. Entrò in lite con Alfonso Falzone (mafioso di Porto Empedocle, poi divenuto collaboratore di giustizia) per difendere il figlio che aveva avuto un diverbio con altri due ragazzi. Uno di questi era in compagnia di Falzone. Volpe intervenne : *"Nenti c'è picciò"*. Ma la controversia degenerò, volarono pugni e cazzotti. Ed allora rivolto a Falzone si lasciò andare in una frase che non lasciava alcun margine di dubbio: *"Un mi scantu di tia e mancu dell'amici tò"*, disse a voce alta mentre stava per intervenire la polizia.

Quella frase, quella spavalderia in pubblico sembrò una mancanza di rispetto. Una vera irriverenza che spianò la strada della vendetta. Ecco come ricorda l'agguato Alfonso Falzone durante una deposizione nell'aula bunker di Firenze.

"Il giorno dopo la lite mi recai alle Cannelle per incontrare Giuseppe Messina. Parlammo nel suo magazzino, lo informai della storia per una questione di riguardo: Volpe era nipote di suo fratello, gli chiesi di fargli sapere che "*l'aviva a finiri, sennò ci pinsavo io*".

"Tornai dal Messina una settimana dopo. Mi disse che della vicenda non gliene importava nulla. Così andò avanti il progetto di assassinare Volpe. Per l'eliminazione parlai con Luigi Putrone che incaricò Giulio Albanese di pedinare Volpe".

"L'omicidio - racconta Falzone - lo chiesi io stesso, e per due motivi. Innanzitutto per via della lite avuta al Lido azzurro, poi perchè avevo saputo che Riccardo Volpe cercava armi, forse anche lui voleva vendicarsi".

Il giorno dell'agguato Giulio Albanese tenne sotto controllo Riccardo Volpe, soprannominato *Totò Carolina*. Lo vide mentre con alcuni amici e familiari stava andando alla volta di Ribera per una serata da passare spensieratamente tra una pizza e una mazurca. Albanese lo seguì, lo superò e informò il commando che stava aspettando il segnale. Poi Albanese andò via. Poche ore dopo l'agguato era stato consumato. I sicari aspettarono che Volpe godesse dell'ultima serata: all'uscita ad attenderlo trovò il piombo assassino. La moglie al processo si è costituita parte civile.

Per questo delitto sono stati condannati Giulio Albanese, Pasquale Salemi, Alfonso Falzone, Luigi Putrone, Filippo Sciara e Salvatore Fragapane.

SALVATORE BENNICI
Imprenditore. Licata: 25 maggio 1994 . Aveva 56 anni.

Da qualche tempo aveva paura. Era un navigato imprenditore e anche di successo, grazie soprattutto al suo coraggio. Ma da qualche tempo aveva visto fin troppi dei suoi colleghi taglieggiati e minacciati quando avevano deciso di difendere con la vita i frutti del proprio sudore. Alcuni erano andati via dalla Sicilia, altri avevano mollato. Lui, Salvatore Bennici, non aveva mai pensato di appendere le chiavi dell'azienda al chiodo, anzi aveva continuato a valorizzare ogni opportunità per espandere i suoi affari e diceva di voler lasciare ai figli un'attività solida con un passato glorioso e un futuro promettente. Ma da alcuni mesi le cose erano cambiate anche per lui. Aveva fatto buoni affari e sapeva che aveva pestato i piedi a qualcuno. Gli appalti in quel periodo non erano molti e la lotta era feroce.

Dopo la Pasqua del 1994 gli avevano bruciato un escavatore parcheggiato davanti all'azienda. Il messaggio era arrivato chiaro e forte anche per lui.

Il cinque maggio, poche settimane dopo, erano arrivati sino alla soglia di casa sua: avevano danneggiato il portone dell'abitazione dove stava con la famiglia in via Morello, nel centro storico di Licata. Da quel giorno, dopo la denuncia ai carabinieri, stava più in azienda che non a casa e alcune notti dormiva pure in cantiere. Cominciarono anche le telefonate anonime e gli venne rapato a zero anche il cane.

La mattina del 25 giugno Salvatore Bennici era uscito alle sette da casa, con il figlio Vincenzo, di ventisei anni, che lavorava con lui. A bordo di una Fiat Uno padre e figlio avevano raggiunto il cantiere di via Palma, alla periferia di Licata. Bennici amava arrivare per primo, organizzare il lavoro, controllare i mezzi, mentre gli operai giungevano alla chetichella per iniziare a faticare. Durante il tragitto quel sabato aveva parlato col figlio del mondiale di calcio in corso, delle prodezze di Maradona nella partita dell'Argentina contro la Nigeria che avevano visto insieme il giorno prima. Ma Bennici padre pensava soprattutto agli impegni di quel fine giugno e alle ultime settimane di lavoro prima delle ferie estive, quando dalla Germania sarebbero tornate in paese le figlie e la famiglia si sarebbe riunita come ogni estate. Insomma, quel sabato mattina non si annunciava diverso dai tanti fine settimana che papà Salvatore e suo figlio Vincenzo da qualche tempo erano abituati a trascorrere insieme, sino alle prime ore del pomeriggio in cantiere.

Per questo non fu solo sorpresa, ma vero spavento il vedere appena sceso dall'auto un uomo incappucciato sbarrargli la strada, mentre si stavano dirigendo verso il cancello del cantiere. Credettero si trattasse dell'ennesima minaccia. Il killer, invece, scaricò sette, otto volte la sua calibro nove parabellum su Salvatore che venne colpito al cuore, all'addome, alla testa, davanti gli occhi del suo povero Vincenzo. Il giovane non poté far altro che urlare a squarciagola la sua impotenza e il suo dolore, mentre il killer continuava a tenerlo sotto la minaccia di una pistola.

Immediatamente dopo il commando ripartì con l'Alfa 75 con cui era arrivato (rubata e ritrovata in fiamme a qualche chilometro di distanza dal luogo del delitto). Vincenzo corse ad abbracciare il padre e a sollevarlo per sistemarlo nella sua Fiat Uno. Corse verso il pronto soccorso del paese, in un estremo tentativo di salvargli la vita.

Salvatore Bennici, sessant'anni, moriva così, ucciso per non avere ceduto al racket delle estorsioni, per avere tentato di fare fino in fondo il suo lavoro, per essersi ribellato alla legge della mafia sugli appalti. Il figlio Vincenzo non poté dare molto aiuto agli investigatori: il killer era con il viso coperto.

L'imprenditore è stato riconosciuto vittima della mafia e negli anni scorsi prima la moglie e poi uno dei figli sono stati assunti al Comune grazie alla legge antimafia in vigore.

Ecco la ricostruzione dell'agguato fatta dal figlio, Vincenzo Bennici, al processo Progresso.

PM FASANELLI – Senta, quando era vivo suo padre lei ha lavorato con lui?

VINCENZO BENNICI – *Si da quando sono nato, tanto che non sono andato neanche a scuola. Sono arrivato in prima media e ho lasciato perdere perché avevo la passione di lavorare con le macchine e con mio padre.*

PM – Ascolti, che tipo di lavori facevate?

BENNICI – *Qualsiasi tipo: lavori stradali, fognature, costruzioni. Tutto quello che può riguardare una impresa edile*

PM - Avevate dei mezzi meccanici?

BENNICI – *Si, un escavatore, due camion, due pale meccaniche, autobetoniere, auto-caricanti, questi piccolini diciamo. Cose a conduzione familiare, che potevamo gestire noi.*

PM- Senta questa ditta fino a quando è vissuta?

BENNICI – *Fino al '94, quando è morto mio padre.*

PM – Dopo lei ha continuato?

BENNICI – *No, non me la sentivo più.*

PM – Cosa è successo il 25 giugno del 1994?

BENNICI – *Mio padre la mattina veniva a prendermi a casa. Lui abitava in Piazza Progresso, io in periferia. Passava con la macchina, io scendevo e ce ne andavamo a lavorare insieme. Andavamo al cantiere. Siccome quella mattina era di sabato, avremmo dovuto fare la manutenzione delle macchine, dei mezzi. Sono sceso da casa per raggiungere mio padre in auto. Avevo fatto un brutto sogno che finiva davanti al cancello, guarda caso. Ho visto mio padre con un giornale in mano, non lo conoscevo mio padre che leggeva i giornali. Sono salito in auto, siamo andati verso il cantiere, in via Palma, e abbiamo sorpassato un'Alfa 75 con la marmitta rotta. L'abbiamo sorpassata, anche perché*

cammina piano, si voleva fare sorpassare. Ci siamo fermati qualche trecento metri più avanti, c'era l'ufficio dell'Enel. Mio padre è sceso, quella macchina, intanto, ci ha sorpassi di nuovo di tutta fretta, sempre con la marmitta rotta. Mio padre ha attraversato la strada, è entrato nel cancello dell'Enel, ma visto che la persona che cercava non c'era si è messo di nuovo in macchina con me. Siamo ripartiti e raggiunto il cantiere. Ci siamo fermati prima del cancello e sono sceso. Sono sceso e ho aperto il cancello. Mio padre mi ha chiamato: "Vieni che devi prendere degli attrezzi dal cofano". Lui aveva il trapano in mano, perchè la sera prima aveva montato uno scaldabagno a casa. C'era una cassetta di attrezzi nel cofano. Ho aperto il cancello, lui nel frattempo entrava nel cancello, io torno dietro apro il cofano della macchina, mi abbasso per prendere le chiavi e qualche cosa che era rimasta lì dentro. Fu a quel punto che ho sentito di nuovo il rumore della macchina senza marmitta. La nostra vettura era prima del cancello, quasi sulla sulla strada. Loro hanno spento il motore. Ho alzato gli occhi, mi sono spostato dalla macchina, e ho visto una persona dentro la macchina sulla destra, non nel lato guida.
Ho pensato che era una femmina, una donna che si faceva i capelli. Dopo ho capito che si stava mettendo il passamontagna.
Mi sono riabbassato sul cofano, ho sentito chiudere lo sportello e mio padre nel frattempo si è fermato per vedere chi erano queste persone, perché in un primo momento pensavamo volessero qualche informazione. Invece no, è sceso quello col passamontagna. Io mi sono avvicinato e gli ho detto: "Cosa vuoi?". Non mi rispose, mi avvicinai ancora ed anche lui fece lo stesso. "Che cosa vuoi?", dissi. Ho abbassato gli occhi e ho visto la pistola. In quell'attimo mi sono fermato, lui si è girato e ha cominciato a sparare a mio padre. Io l'ho insultato: "Bastardo, cosa stai facendo? Bastardo". Ho cercato di mettere in moto la macchina nel tentativo di investirlo. Non ho trovato le chiavi e mi sono messo a correre per la strada. In quel momento ho pensato: se partono per me mi butto dentro il cancello, dove c'è supermercato Market Ingross. I killer, però, rimisero in moto la loro macchina e fuggirono via. Ho portato mio padre all'ospedale, ma era morto".

IGNAZIO PANEPINTO - CALOGERO PANEPINTO
FRANCESCO MANISCALCO

Imprenditore. Bivona: 30 maggio 1994. Aveva 57 anni.
Imprenditore. Bivona: 19 settembre 1994. Aveva 42 anni.
Operaio. Bivona: 19 settembre 1994. Aveva 42 anni.

Tre colpi di lupara, il primo alle spalle. Poi, quando fu a terra, altri due sulla testa, una vera esecuzione. L'hanno assassinato il 30 maggio del 1994 tra le pietre della sua cava, come a voler anche far capire la ragione di quella ferocia. Per Ignazio Panepinto quel posto a Bivona era tutto quel che aveva. Per questo l'aveva sempre difeso anche a costo della vita, appunto. Gli investigatori inizialmente seguirono una pista sbagliata. Li insospettì il ritrovamento nella cava di tanto materiale esplosivo. Pensarono che la mafia degli attentati con i botti e delle macchine che esplodono avesse avvicinato Ignazio Panepinto perché interessata ai candelotti. Panepinto era diventato il fornitore occulto di quei maledetti congegni? Era questa una delle domande che frullava nella testa della Procura di Sciacca quando vennero avviate le indagini. Molte cose tra l'altro lasciavano pensare che Panepinto conoscesse i suoi assassini. Probabilmente quella mattina alla cava era arrivato in macchina con loro. Forse si era rifiutato di consegnare l'esplosivo? O forse più semplicemente erano andati a dirgli che si stava dando troppo da fare, che aveva spinto troppo oltre i suoi affari entrando in zone che per lui erano off limits? Se voleva lavorare - devono avergli detto - come tutti, doveva sottostare a regole precise e le regole le stabiliscono le cosche.
Nell'Agrigentino, negli anni Novanta, le cosche erano in guerra. Ognuno difendeva il suo. Ognuno ammazzava per difendere il proprio interesse. Forse Panepinto aveva disturbato qualcuna delle cosche con la sua intraprendenza di uomo d'affari? Tutte domande alle quali non si riuscì a trovare una risposta. Non ce ne fu il tempo perchè quella cava vide presto altro sangue e a quel punto fu chiaro che l'obiettivo era l'azienda di calcestruzzo. Si voleva che chiudesse, e per sempre.
Era il 19 settembre dello stesso anno, il 1994. I killer tornarono in contrada Magazzolo, a pochi chilometri da Bivona. Qualcuno si era permesso di riaprire i cancelli e aveva rimesso in moto le macchine. Quel qualcuno era il fratello di Ignazio Panepinto, Calogero, di 54 anni. Dopo il primo agguato la cava rimase chiusa per quattro mesi e gli operai erano tornati a casa. Ma passata l'estate, a settembre, Calogero Panepinto aveva deciso di ricominciare. La mattina del 19 settembre era la seconda giornata di lavoro. Era arrivato dinanzi ai cancelli della

fabbrica in macchina col figlio, Davide, di 17 anni, e l'operaio Francesco Maniscalco, 42 anni di Santo Stefano di Quisquina con una moglie e due figli ancora piccoli. Avevano appena aperto gli sportelli della vettura quando sentirono arrivare il rombo di un' auto che si accostava in gran fretta. Era una Croma, si era fermata proprio davanti a loro. Si aprirono le portiere e scesero in tre. Non salutarono neppure, parlarono con le pistole e i fucili. Una pioggia di proiettili che non lasciò scampo. Il sangue tornò a scorrere dentro la cava. Il titolare e il suo operaio caddero insieme. Rimase colpito anche Davide, ma i killer per fortuna non si accorsero di averlo solo ferito gravemente. Quando arrivarono i primi soccorsi, per Calogero Panepinto e Francesco Maniscalco non c'era niente da fare. Davide, invece, era privo di sensi ma vivo. Venne portato in ospedale e piantonato per giorni dai carabinieri al Civico di Palermo.

Le indagini sostennero l'ipotesi che Calogero Panepinto era stato ucciso perché aveva fatto lo "sgarro" di riaprire la cava, di essersi rimesso a fare affari e questo disturbava gli affari degli appalti pubblici, monopolio delle cosche. Quali affari? Forse quelli della canalizzazione della diga Castello o qualche altro grosso appalto che si stava realizzando in quella zona montana. Francesco Maniscalco, invece, morì perché aveva visto troppo e la mafia non lascia mai testimoni. Davide fu presto dichiarato fuori pericolo al reparto maxillo-facciale del Civico di Palermo, ma la sua vita sarà per sempre segnata da quella maledetta mattina di settembre.

GIOVANNI CARBONE
Muratore. Alessandria della Rocca: 20 aprile 1995. Aveva 28 anni.

Per arrivare in contrada Cabibbo, a tre chilometri da Alessandria della Rocca, si deve percorrere una stradina asfaltata e poi una strada in terra battuta. Se devi spostarti agevolmente tra quelle trazzere, meglio arrivarci con una buona moto, anzichè con la macchina. La strada oltretutto è stretta e con un'auto devi muoverti lentamente. Infatti arrivarono con la moto i killer che ammazzarono prima Emanuele Sedita e poi Giovanni Carbone. Era il 20 aprile del 1995.

Emanuele Sedita, 68 anni, era un camionista, ma anche uno di quei contadini che della sua terra conosce a memoria ogni zolla: ci andava spesso e si trovava lì anche la mattina dell'agguato. Il suo nome risulta inserito in numerosi rapporti sulle cosche mafiose della zona montana. Sedita sarebbe stato un elemento di rilievo, un capo. Dunque un uomo d'onore.

Il destino volle che quella stessa mattina in quei viottoli sconnessi fosse andato anche Giovanni Carbone, di 28 anni, un giovane volenteroso con un passato di agricoltore e più recentemente anche valente muratore. Aveva lasciato la casa e gli amici quando per l'edilizia era iniziata la crisi. Si era, così, stabilito a Parma, nella generosa e ricca Emilia Romagna. Ma ogni tanto per qualche giorno, mollava tutto e tornava al paese per nostalgia e per rivedere la famiglia.

Giovanni, quella tragica mattina era andato in quella contrada per accompagnare con la sua Fiat 126 gli anziani genitori che dovevano raggiungere il loro casolare di contrada Cabibbo. La casa era a non più di un centinaio di metri dalla campagna di Emanuele Sedita. Vi era appunto arrivato e vi aveva lasciato i familiari con l'impegno che sarebbe tornato a riprenderli nella tarda mattinata. Stava quindi tornando in paese, ad Alessandria della Rocca, quando vide due persone sparare contro il suo vicino di casa, Emanuele Sedita.

I killer si videro scoperti e si avvicinarono alla 126. Non ci pensarono due volte e crivellarono di colpi lo sfortunato giovane, divenuto suo malgrado un testimone scomodo.

Le indagini imboccarono subito la pista del delitto di mafia per via del curriculum di Emanuele Sedita, legato alla consorteria del paese. Alessandria, invece, pianse la morte di Giovanni Carbone, ennesimo sacrificio di una assurda tragedia. Una disgrazia che può accadere soltanto in una terra avvelenata dai clan e dalla mafia.

GIUSEPPE DI MATTEO
Studente. Agrigento: 11 gennaio 1996. Aveva 11 anni.

Era un bambino di appena undici anni. Venne sequestrato su ordine di Giovanni Brusca da un gruppo di mafiosi travestiti da poliziotti. Andarono a prelevarlo in un maneggio: Giuseppe amava i cavalli e le corse di equitazione. Sognava di fare il fantino.

Cosa Nostra in questo modo voleva punire il padre, Santino Di Matteo, che aveva iniziato a collaborare con la giustizia svelando fatti e misfatti della mafia palermitana. Il piccolo venne sequestrato il 23 novembre del 1993. Per ragioni di opportunità Brusca, però, decise di nasconderlo in provincia di Agrigento. Per questo contattò Antonio Di Caro, il quale a sua volta convocò il capo famiglia di Porto Empedocle Luigi Putrone: "*Pensateci voi*".

Il ragazzo viene preso in consegna dalle cosche empedocline e tenuto prigioniero a Favara, Cannatello e Cammarata. Poi in altre località fino alla morte. Venne strangolato e sciolto nell'acido per vendicare col sangue la notizia diffusa dai Tg nazionali che Brusca e compari erano stati condannati all'ergastolo per l'omicidio di Ignazio Salvo, l'esattore di Salemi.

L'innocenza profanata

"Non ho avuto pietà per questo bambino. Tutti noi non abbiamo avuto esitazioni a uccidere il piccolo". Iniziava così la lunga confessione di Vincenzo Chiodo, l'ex uomo d'onore della mafia di San Giuseppe Jato e oggi pentito, che ha prima sequestrato, poi ucciso e infine sciolto nell'acido, su ordine di Giovanni Brusca, il piccolo Giuseppe Di Matteo, figlio del pentito di mafia Santino Di Matteo. Un racconto dell'orrore quello fatto da Chiodo nel '97 davanti ai magistrati nel processo per la strage di Firenze, poi confermato da altri pentiti "eccellenti", come lo stesso mandante del terribile omicidio Giovanni Brusca, suo fratello Enzo e anche Salvatore Grigoli. Il piccolo Giuseppe Di Matteo scomparve il 23 novembre del 1993 dal maneggio di Falsomiele a Palermo, dove andava spesso per la sua grande passione per i cavalli. Venne rapito per ordine di Giovanni Brusca da finti uomini della Dia. A capo della finta pattuglia c'era Salvatore Grigoli che raccontò al bambino di essere stato incaricato di portarlo dal padre pentito. E lui, ignaro di ciò che lo aspettava, accettò con entusiasmo. Tre biglietti infilati sotto la porta del nonno del piccolo Giuseppe non lasciavano dubbi sugli obiettivi di chi aveva organizzato il sequestro. Il primo recitava: "Lo abbiamo noi", il secondo "Tuo figlio non deve fare tragedie" e il terzo "Tappagli la bocca". Il riferimento, chiarissimo, era al padre del bambino rapito, Santino Di Matteo, chiamato anche 'Mezzanasca, che da poco tempo aveva iniziato a collaborare con la giustizia. Di Matteo aveva raccontato ai magistrati alcuni retroscena sulla strage di Capaci del maggio del '92, ma anche sull'omicidio di Ignazio Salvo. In entrambi i casi aveva coinvolto Giovanni Brusca. Da qui la decisione di vendicarsi contro quello 'spione da punire. L'intento di Giovanni Brusca era quello di riuscire a convincere Santino Di Matteo a ritrattare tutte quelle accuse minacciando a morte il figlio. Giuseppe Di Matteo nei diciotto mesi di calvario venne portato da un covo all'altro, nel Palermitano, nell'Agrigentino, nel Nisseno. La sua sorte venne decisa davanti a una tv, quando Brusca seppe di essere stato condannato all'ergastolo per l'omicidio Salvo. Arrabbiatissimo, accecato dall'ira, ordinò al fratello,

Enzo Brusca, di uccidere il bambino: "Allibertamuni du cagnuleddu" (Liberiamoci del cagnolino ndr), disse al fratello. A uccidere il piccolo furono Vincenzo Chiodo e Giuseppe Monticciolo, poi divenuti collaboratori di giustizia. Anche Brusca, dopo un'iniziale ritrosia, ha ammesso di avere ordinato il delitto. In tutto sono state più di venti le persone coinvolte nel sequestro e nell'uccisione del bambino. Sentito in aula, il pentito Salvatore Grigoli, lo stesso che uccise padre Pino Puglisi, confessò ai giudici di essersi pentito di avere partecipato al delitto. *"Mi sono pentito di avere effettuato il rapimento del piccolo Giuseppe Di Matteo - disse Grigoli al processo - Credevo che al bambino non dovesse essere torto un solo capello".*
"Mi ero legato al bambino - raccontò ancora - Sapevo che questa storia doveva durare pochi giorni e che il bambino poi sarebbe tornato a casa". Ma così non fu. Ecco, invece, il racconto di Giovanni Brusca: *"Ne ho fatte di cotte e di crude, ma questa è la vicenda che mi fa più male".* Così raccontò il 13 ottobre del '97 davanti ai giudici di Palermo nell'aula bunker di Firenze. *"Giuseppe lo conoscevo bene - disse ancora - lo avevo incontrato spesso a casa di Di Matteo. Per questo, durante la detenzione non gli ho mai parlato, non me la sentivo. Ho la coscienza a posto, almeno da questo profilo, per avere detto di non trattarlo male, di non torcergli un capello".* La decisione di rapire il piccolo Di Matteo fu presa nel corso di una riunione con Leoluca Bagarella, Giuseppe Graviano e Matteo Messina Denaro. Tre condanne all'ergastolo ed una a 14 anni di reclusione sono state inflitte dalla Corte d'Assise di Palermo a quattro esponenti delle famiglie di Cosa nostra di Agrigento e Caltanissetta, accusati di essere stati i "carcerieri" di Giuseppe Di Matteo, il figlio undicenne del pentito Santino, strangolato e sciolto nell'acido l'11 gennaio del '96 dopo due anni di prigionia. L'ergastolo è stato inflitto agli agrigentini Mario Capizzi, ritenuto il capomandamento di Ribera, Giovanni Pollari, capomandamento di Cianciana, e Salvatore Fragapane, di Sant'Elisabetta. La corte ha inflitto invece 14 anni di reclusione al pentito di Vallelunga Pratameno, Ciro Vara.
Sempre per il sequestro del piccolo, nel corso del processo Akragas (luglio 2001), sono stati condannati gli empedoclini Giuseppe Gambacorta, Gerlandino Messina, Luigi Putrone, Alfonso Falzone ed il siculianese Filippo Sciara.
Nulla conta per la mafia la vita di un uomo. Figurarsi quella di un bambino di appena 11 anni. Si chiamava Giuseppe Di Matteo, piccolo e innocente, per mesi è rimasto vestito della sua dignità e di un paio di jeans sdruciti, gli stessi che indossava il giorno del sequestro a opera di uomini di Cosa Nostra travestitisi da poliziotti. Il piccolo arrivò ad Agrigento tenuto per

mano dal capo provincia, Antonio Di Caro. Gli era stato consegnato da Brusca al posteggio autostradale "Cinque Archi", sull'autostrada Palermo-Catania. Da lì il ragazzo fu portato a Favara, in una villetta nelle disponibilità di Antonio Costanza, l'imprenditore scomparso il 23 giugno del 1995, e poi a Cannatello, stessa zona dove poco tempo più tardi avrebbe trascorso la latitanza Giovanni Brusca fino all'arresto. A turno gli uomini d'onore di Porto Empedocle e Agrigento - coordinati da Luigi Putrone - si alternarono nel compito di custodi del piccolo che di loro si fidava. Racconta Falzone: *"Dell'arrivo del piccolo fummo avvertiti giorni prima da Luigi Putrone. Qual'era il nostro compito? Gli portavamo da mangiare, e qualche giornalino da leggere, Topolino per esempio. Lui non aveva paura, non sapeva di essere in pericolo. Ed era così convinto che noi lo proteggevamo dalle cosche avverse a suo padre che ci chiamava "marescià" e "brigadiere". Pensava fossimo dei poliziotti".* Il piccolo da Cannatello venne poi trasferito a Cammarata. Successivamente Giuseppe Di Matteo venne riportato in provincia di Palermo in un bunker usato anche per coprire la latitanza di Giovanni Brusca. Ed è qui che venne ucciso in un modo barbaro e fuori da ogni logica, come racconta Vincenzo Chiodo ai magistrati. "Dapprima feci girare il bambino contro un muro e da solo tentai di ammazzarlo, ma non ci riuscii perchè si buttò a terra e resistette. In un secondo momento intervennero Brusca e Monticciolo che mi aiutarono: tenevano per le mani e per i piedi il piccolo, io invece, strinsi il cappio che avevamo messo al collo e lo strangolai. Dopo esserci accertati della morte mettemmo il corpicino all'interno di un fusto che conteneva dell'acido. Prima avevamo preparato un fornello per riscaldare il liquido così da favorire lo scioglimento, ma non ci fu bisogno: il bambino messo dentro il fusto si sciolse abbastanza facilmente". Un resoconto agghiacciante che sconvolse anche i giudici della Corte di Assise di Palermo: "Tra gli innumerevoli fatti di sangue, sottoposti all'esame della Corte - si legge nella sentenza - uno dei più orrendi e raccapriccianti episodi di storia criminale è costituito dalla vicenda che ha visto la cattura di un ragazzino undicenne, sensibile e sveglio, intelligente e tenero, appassionato di cavalli e pieno di vita, fatto peregrinare incessantemente, in tetre orride prigioni, ad appassire al buio e al freddo, durante due lunghissimi anni, in balia di uomini rudi, la cui malvagità aveva reso impassibile l'anima, ove mai ne avessero avuto una, rendendola indifferente se non insofferente, di fronte al tormento di una piccola vittima. La sua storia struggente non può non suscitare indignazione e ribrezzo nella coscienza civile, per la ferocia dimostrata dai suoi carnefici. È la storia straziante di un bambino sfortunato, perché nato da una famiglia che ne ha involontariamente determinato il tremendo destino. L'appartenenza all'ambiente criminale mafioso lo ha privato dei suoi sogni acerbi, espropriato della sua fanciullezza, delle sue passioni, privato degli affetti dei suoi compagni. I suoi aguzzini gli hanno fiaccato giorno dopo giorno il corpicino e disintegrato le risorse psichiche e dell'animo. I racconti di chi ha commesso questa tremenda storia non hanno mai fatto trasparire un momento di autentico pentimento, di rammarico, di pietà. Sono state cronistorie lucide e asettiche dal giorno del sequestro a quello della morte. Durante la prigionia la vita per il piccolo Di Matteo è trascorsa, alternandosi tra cellette murate, anguste, buie e malsane e vani portabagagli di automobili, legato e incappucciato, dal momento in cui in un magazzino buio e freddo ha trascorso la prima notte fino al momento della sua atroce morte. Da allora nessuno lo avrebbe più consolato nelle sue ore di angoscia e di scoramento dibattuto tra l'illusione di ottenere la liberazione e le sue condizioni di prigioniero, per un tempo prolungato a dismisura. Di fronte all'ineluttabile, il bambino si è arreso alla situazione, divenendo accondiscendente e remissivo, sottoponendosi di buon grado alle fotografie e alle riprese che gli facevano i suoi carcerieri, burattino costretto a scrivere messaggi che essi volevano che scrivesse, perché solo queste circostanze, costituivano per lui l'occasione per gettare un ponte all'esterno con la vita, da cui era stato strappato a forza e far giungere tracce di sè ai suoi familiari".

STEFANO POMPEO
Studente. Favara: 22 aprile 1999. Aveva 12 anni.

Nacque a Favara il 5 maggio del 1987, aveva dodici anni e frequentava la scuola media. Era figlio di Giuseppe Pompeo, un macellaio. La madre si chiama Carmela, aveva due fratelli: Pasquale e Alessandro. Lui era il secondogenito, gli piacevano i fumetti e le vignette di Lupo Alberto. Era un tipo socievole, gioviale, pieno di grinta. Amava il padre e quando venne chiamato per fare un lavoro extra, macellare un maiale per cucinarlo alla brace, non ci pensò due volte: *"Papà vengo con te, così stiamo insieme?"*. Il genitore ebbe un attimo di esitazione, tentò una riposta negativa. Poi pensò che il resto della settimana lavorando in un supermercato a casa ci stava ben poco ed acconsentì. Non l'avesse mai fatto! Perché quella non era una festicciola qualsiasi, era un incontro al quale partecipavano personaggi di cui si sono occupati diverse indagini antimafia. Uno di questi, Carmelo Cusumano, era - secondo gli investigatori - il vero bersaglio dei killer. Era arrivato sul luogo del conviviale a bordo di un fuoristrada. I sicari lo avvistarono e lo attesero al varco. Così quando qualche ora dopo videro la vettura tornare indietro non ci pensarono due volte e spararono all'indirizzo della persona seduta accanto al posto di guida. Spararono senza neanche guardare, del resto non avrebbero potuto fare diversamente visto che nel frattempo erano calati la sera e il buio. Spararono senza esitazione, non potevano certo immaginare che nel posto occupato dal vecchio favarese ora c'era un ragazzino salito sul quel maledetto fuoristrada solo per soddisfare il desiderio di fare un giro su una vettura bella e potente. Morto per accarezzare un sogno. Con l'operazione Fratellanza, messa a segno nel Duemila, la Direzione Distrettuale Antimafia ha ricostruito la dinamica.

Ore 13.45 di mercoledì 22 aprile del 1999. Carmelo Cusumano si reca a bordo di un fuoristrada Toyota nelle proprietà di contrada Lucia, intestate alla figlia e acquistate nei primi degli anni '80. Comprendono anche una miniera dismessa. Cusumano era nel lato passeggero, alla guida c'era Vincenzo Quaranta. Sul posto, in quel momento, vi erano anche due operai che lavoravano nei vigneti, nonchè Salvatore Sgarito impegnato nella cava di rosticci situata all'interno delle proprietà di Cusumano.

Ore 18 circa. Arrivano il piccolo Stefano Pompeo con il padre che inizia a macellare un maiale che doveva essere cucinato e consumato in serata.

Ore 20.40. Cala l'oscurità. Mancano il pane e le sigarette. Vincenzo Quaranta si allontana dal posto a bordo della Toyota per andare a prendere il pane. A bordo c'è anche il piccolo Stefano che non si lascia sfuggire l'occasione di salire sul fuoristrada, una sua passione. Mentre il Toyota raggiunge contrada Lucia-Agrò (a 400 metri di distanza dalle proprietà dei Cusumano), l'auto viene colpita da tre fucilate. Il piccolo Stefano, raggiunto alla testa si adagia sul fianco, andando a finire addosso a Quaranta che riesce a fermare il fuoristrada solo poche decine di metri dopo, all'altezza di un'abitazione rurale. Chiede soccorso. Dalla casa esce il proprietario. Sale in macchina, tiene in braccio il corpo esanime del bambino per consentire a Quaranta una guida più agevole. Il piccolo in ospedale, però, arriverà già morto.

VINCENZO E SALVATORE VACCARO NOTTE

Imprenditore. S. Angelo Muxaro: 3 novembre 1999. Aveva 48 anni.
Imprenditore. S. Angelo Muxaro: 5 febbraio 2000. Aveva 51 anni.

Si chiamavano Vincenzo e Salvatore Vaccaro Notte. Erano
rientrati dalla Germania dove gestivano un ristorante pizzeria. Gli affari
andavano bene, sarebbero rimasti all'estero se Vincenzo Vaccaro Notte
non avesse preso un brutto esaurimento nervoso. Il fratello Salvatore
cercò di aiutarlo portandolo in giro per i medici tedeschi. Ma niente.
Nessuna cura sembra essere capace di migliorarlo. *"Finchè - scrive in un
memoriale Salvatore Vaccaro Notte - un dottore ci disse che noi italiani
siamo molto attaccati alla nostra terra: Se portate vostro fratello di
nuovo al Sud migliorerà".* E così fu.
Tornati a Sant'Angelo Muxaro diedero vita a una agenzia di pompe
funebri. La cosa però non piacque alla mafia. Cercarono in tutti i modi
di dissuaderli ma i due fratelli non cedettero alle continue pressioni.
Furono uccisi entrambi. Platealmente!
Il primo a cadere fu Vincenzo Vaccaro Notte. Era il 3 novembre 1999
alle ore 12,30. Ricostruisce l'episodio l'autorità giudiziaria: "Giungeva
alla Stazione dei carabinieri di San Biagio Platani un operaio che
riferiva che, mentre era intento a lavorare sul terreno di proprietà di
Vaccaro Notte Angelo (sito in contrada S. Silvestro di Sant'Angelo
Muxaro) un giovane aveva sparato dei colpi di pistola contro Vaccaro
Notte Vincenzo, che si trovava sul posto per seguire, per conto del
fratello Angelo, l'esecuzione dei lavori. I carabinieri, giunti sul luogo,
rinvenivano il cadavere di Vaccaro Notte Vincenzo che giaceva sul
viottolo di campagna, sterrato e in discesa, che dalla strada consortile
Tumarrano conduce alla casa rurale di Vaccaro Notte Angelo. L'esame
autoptico, eseguito il 5 novembre del 1999, accertò che il decesso era
avvenuto a causa della esplosione di cinque colpi di arma da fuoco, di cui
tre al cranio, esplosi tutti da breve distanza (inferiore ai 60 centimetri),
con una pistola calibro 38 o "357 magnum", mentre la vittima stava in
piedi. La dinamica dei fatti, ricostruibile da tali accertamenti medici,
indicano che Vaccaro Notte Vincenzo è stato ucciso da più soggetti,
di cui uno si è avvicinato alla proprietà del fratello provenendo dalla
strada e verosimilmente nascondendo l'arma che aveva con sé. Chi ha
sparato alla vittima è invece sopraggiunto alle spalle.
Tre mesi dopo, 5 febbraio del 2000, viene ucciso Vaccaro Notte
Salvatore. La notizia del decesso arriva alle forze dell'ordine verso
le 15,30. Vaccaro Notte Angelo, riferisce che poco prima il nipote gli
aveva comunicato che non vedendo rincasare il padre si era recato nel

loro terreno e lo aveva rinvenuto cadavere.

Gli accertamenti consentivano di appurare che l'uomo era stato attinto da due colpi di arma da fuoco nelle vicinanze del cancello posto a delimitazione del fondo di sua pertinenza in San Biagio Platani. Dall'esame autoptico emerse che i due colpi esplosi contro Vaccaro Notte Salvatore provenivano entrambi da un fucile da caccia calibro 12 caricato a "pallettoni", e avevano colpito la vittima alla spalla sinistra e al cranio.

Secondo una ricostruzione il Vaccaro Notte è stato attirato (da un rumore o altro) al confine della propria abitazione e lì raggiunto da un colpo di fucile. Una volta caduto a terra, l'autore del primo colpo gli si è con calma avvicinato e gli ha esploso un secondo colpo al volto provocandone la morte istantanea.

Dopo la seconda perdita i familiari delle vittime decisero di collaborare con la magistratura. L'otto febbraio del Duemila consegnarono alla magistratura un memoriale scritto da Vaccaro Notte Salvatore di straordinaria utilità investigativa. Si trattava di "una computisteria con copertina di colore blu e bordi arancione, con all'interno nr. 6 facciate manoscritte". Pochi giorni dopo Vaccaro Notte Angelo inizia a collaborare con l'autorità giudiziaria, diventando testimone di giustizia.

Nel maggio scorso è scattata l'operazione Sikania. Dodici arresti.

Il coraggio di non piegarsi

AGRIGENTO. Da vivi erano, loro malgrado, diventati un emblema per un paese silente e ozioso con i tavoli davanti al bar e gli anziani che "ammazzano" il tempo giocando a carte. Da morti sono diventati un simbolo. Il simbolo di una Sicilia che vuol cambiare a ogni costo, anche a rischio della vita. Vincenzo Vaccaro Notte e il fratello Salvatore erano partiti per la Germania quasi vent'anni fa. Il lavoro, oggi come allora, era una chimera. Preferirono fare le valigie e raggiungere la Germania dove misero su un ristorante e anche famiglia. Fu una scelta felice e il guadagno non tardò ad arrivare. Ma, si sa, il paese resta sempre nel cuore. Così quando erano riusciti a metter su un buon gruzzolo decisero di tornare, portandosi dietro tutto quel che avevano, la moglie tedesca e anche un nuovo modo di pensare, diverso da quello che si erano lasciati alle spalle vent'anni prima e che speravano di non incontrare più. Invece appena rimesso piede a Sant'Angelo Muxaro ebbero il benvenuto anche da quello che i sociologi chiamano "familismo". Tutto era rimasto inalterato, non era cambiato niente. Lo capirono subito, non appena andarono al Comune e, come avevano imparato in Germania, istruirono una pratica, pagato le tasse, firmato carte bollate e ottenuto una licenza per aprire una agenzia di pompe funebri. Una cosa normale se in paese non ci fosse già una struttura analoga, legittimata - secondo i magistrati - da quelle "amicizie" che in un paese piccolo come Sant'Angelo fanno la differenza. Iniziarono gli avvicinamenti e la proposta di affiliarsi alla cosca locale. Poi i toni si fecero più duri e senza mezzi termini. Ma loro, i Vaccaro Notte, non hanno mai ceduto di un passo: sempre avanti con le proprie forze. Ben presto, però, l'aria si fa pesante. Iniziano a sentirsi soli, attorno a loro c'è il silenzio. Viene squarciato brutalmente da un colpo di lupara vecchio stampo. Il primo a cadere è Vincenzo Vaccaro Notte, titolare della licenza. L'agenzia non venne chiusa, pensò il fratello più piccolo a portare avanti l'attività per non cedere al ricatto. Preparò un memoriale, voleva aiutare la giustizia. Non ne ebbe il tempo. Una carica di piombo lo raggiunse alla nuca. Ferito a morte non si piegò, ebbe il tempo di guardare i killer e nelle loro facce vide la Sicilia arcaica che lo aveva ucciso colpendolo alle spalle. I Vaccaro Notte erano orgogliosi della loro libertà e i boss si sentivano offesi da questi due fratelli che non mostravano rispetto, nè si erano messi "a disposizione". Un affronto per la mafia di Agrigento, la più sanguinaria che c'è.

Alfonso Bugea
Testo tratto dal Giornale di Sicilia - Maggio 2006

RINGRAZIAMENTI

Un sincero ringraziamento per la collaborazione prestata va a Benny Calasanzio e Roberto Saetta, a Enzo Napoli, Cettina Garlisi, Calogero Giuffrida, Pippo Gambino, Agostino Spataro, Salvatore Bartolotto, Salvatore Castelli, Angelo Augusto, Antonio Prestia, Angela Assunta Baldi, Paolo Pendola, Salvatore Picone, Angelo Ruoppolo e agli avvocati Nino Gaziano, Enrico Quattrocchi, Salvatore Russello, Salvatore Re e Anna Danile. Un grazie anche al Comune di Comitini e al Giornale di Sicilia per aver messo a disposizione gli archivi, il personale della biblioteca Santo Spirito di Agrigento. Un particolare ringraziamento al Comando provinciale dei carabinieri di Agrigento, ed alla stazione dell'Arma a Comitini.
Grati a Carmelo Guarragi della Blow up per la preziosa consulenza per la grafica ed all'Associazione amici del giudice Livatino. Questo volume, idealmente, si ricollega agli impegni editoriali che i giornalisti agrigentini hanno affrontato per raccontare le gesta di Stidda e Cosa nostra. Primo fra tutti Franco Castaldo, una voce fuori dal coro.
Esprimiamo un particolare ringraziamento alla Presidenza della Regione Siciliana – Ufficio Stampa, per la sensibilità con cui ha voluto sostenere questa iniziativa editoriale.
Riconoscenti anche a Gabriele e Giulia Bugea per la disponibilità mostrata nella ricerca dei dati storici.

BIBLIOGRAFIA

Alfonso Bugea, Cosa Muta. Centro Pasolini - 2002
Lo Bianco-Viviano , La strage degli eroi, Edizioni Arbor - 2001
Franco Castaldo , Mafia e Stidda -Assostampa - 2005
Franco Castaldo, Vent'anni di mafia. Centro Pasolini - 1987
Giuseppe Arnone, La mafia di Agrigento. Ed. Il filo di Arianna
Agostino Spataro, Ioppolo Giancaxio tra storia e memoria - 1997
Giornale di Sicilia
Il Manifesto - Il diario
Calogero Castronovo, L'assassinio di Gaetano Guarisco.
                    Edizioni Compostampa. 2005
La memoria ritrovata, Edizioni Palumbo – 2005
Francesco Renda. Resistenza alla mafia come movimento nazionale.
                    Rubettino Editore. 1993
Il diario
www.giustizia.it - www.livatino.it
www.paolobongiorno.ilcannocchiale.it
www.giuseppespagnolo.it
www.leinchieste.com
www.terrelibere.it

INDICE ALFABETICO DELLE VITTIME INNOCENTI DELLA MAFIA

INDICE ANALITICO DEI NOMI

Printed in Great Britain
by Amazon